美式发音速成必备

Crash for American pronunciation

董天宁 著

人民东方出版传媒

东方出版社

图书在版编目（CIP）数据

美式发音速成必备 / 董天宁著 . —北京：东方出版社， 2018.5

ISBN 978-7-5207-0332-1

Ⅰ . ①美… Ⅱ . ①董… Ⅲ . ①英语－发音－美国－自学参考资料 Ⅳ . ① H311

中国版本图书馆 CIP 数据核字（2018）第 068816 号

美式发音速成必备

（MEISHI FAYIN SUCHENG BIBEI）

董天宁　著

责任编辑：	张　芬	
装帧设计：	飞鸟装帧设计 1581 0133 062	
出　　版：	東方出版社	
发　　行：	人民东方出版传媒有限公司	
地　　址：	北京市东城区东四十条 113 号	
邮政编码：	100007	
印　　刷：	人民今典印务有限公司	
版　　次：	2018 年 5 月第 1 版	
印　　次：	2018 年 5 月北京第 1 次印刷	
开　　本：	880 毫米 ×1230 毫米　1/32	
印　　张：	6.125	
字　　数：	100 千字	
书　　号：	ISBN 978-7-5207-0332-1	
定　　价：	39.80 元	
发行电话：	（010）85924663　85924644　85924641	

Contents 目 录

前　言　干了这碗毒鸡汤 GO GET SOME REFRESHMENT

Lesson 1　请用正确的姿势学习美音　　1

　　　　　配音练习　电影《超体》中斯佳丽对妈妈的深情告白　　13

Lesson 2　没有语调就没有灵魂　　15

　　　　　配音练习　《超能陆战队》小男孩小宏和大白（Baymax）告别　　31

Lesson 3　重音可以助攻你重建语感　　33

　　　　　配音练习　老美最爱的 Anime 动画《狮子王 2：辛巴的荣耀》　　44

Lesson 4　弱读就是"禁欲系＆性冷淡风"　　47

　　　　　配音练习　为你读诗《如果你忘了我》by 聂鲁达　　53

Lesson 5　不会断句等于自残　　57

　　　　　配音练习　《诺丁山》安娜的餐桌独白　　60

Lesson 6　短元音必须短促果断　　63

　　　　　配音练习　《温暖的尸体》男主独白　　67

Lesson 7　先搞定这三个小音标　　71

　　　　　配音练习　《丹麦女孩》　　80

Lesson 8　词的连读你不能不会　　83

　　　　　配音练习　"石头姐 Emma Stone 的采访"　　98

Lesson 9　戳戳你的［v］音痛点　　101

　　　　　配音练习　《权力的游戏》守夜人誓词　　107

Lesson 10　最能代表美语的 [r] 音　109

　　　配音练习　《破产姐妹》　117

Lesson 11　被忽略的小可怜"1 [EL] "音　119

　　　配音练习　《华尔街之狼》小李子经典疯狂的演讲片段　125

Lesson 12　攻气十足的 [t] 音　131

　　　配音练习　Michelle Phan 的复出视频　144

Lesson 13　紧松元音是什么鬼东西？　149

　　　配音练习　《另一个波琳家的女孩》又名《鸠占鹊巢》　153

Lesson 14　鼻音重听起来超 hot！　155

　　　配音练习　动画片《马男波杰克》节选片段　160

Lesson 15　Excuse me？舌根音和爆破音你没听过？　163

　　　配音练习　《生化危机》女主独白　168

Lesson 16　不被重视的易混音　171

　　　配音练习　《神奇女侠》　175

Lesson 17　嘱咐完这些我再去领盒饭　179

干了这碗毒鸡汤
(Go get some refreshment)

Hello!

大家好！我是天宁（一个教英语口语的女老师），学生曾送我几个外号：口语扛把子、口语男神、口语女主攻……我也不知道是褒还是贬，不过我反省了一下，可能因为我上课风格简单粗暴，所以孩子们觉得太 man 了。

拖延症患者——我在亲朋好友的监督和催促下，终于出了这本像教材又不甘于当一本教材的工具书。若书中一些措辞太过口（接）语（地）化（气），望大家海涵。

不过我现在终于以书和线上课程的方式和大家见面了，想想还有点小激动呢！同学们可以搭配书和课程视频一起学习。希望所有人都能从中有所斩获，而不是又乱花钱买了一本枯燥无聊的教（假）科（大）书（空），翻完就扔在一边。相反，能够让你们在书里发现语言学习的乐趣，迅速找到口语突破的技巧，这才是我写这本书的目的。

同理心：

当口语老师这些年，我体会到一件事：学习对于大多数学生来说，是痛苦、漫长且枯燥乏味的。

何况是学第二语言，更何况是让你说口语，一想到要开口说话，就有诸多不适应，就跟让女明星当众卸妆一样。咱们要达到的学习效果就是：女明星卸了妆，跟化妆没啥区别。

有很多学生，最初上口语课，被要求张嘴答题，声音抑制不住地抖啊，答完题抬头看我，感觉眼眶有点湿润，鼻涕都吓出来了（心疼一秒钟）。

每一次我在教室批改他们的音频作业（大部分时间是公放），不巧被他们推门听见，都要求我戴上耳机（哈哈哈）。

我发现他们都不喜欢听见自己讲英语，绝大部分学生录完口语音频，自己是不会听的。首先他们觉得："天……这个说话的人是谁？贼做作……"又或是："我知道自己说得很差，死都不要听。"觉得十分难为情。

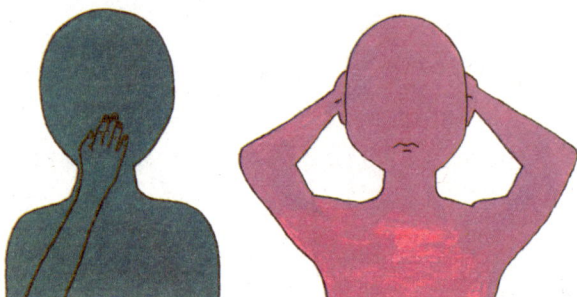

发音黑历史：

想必大家在学英语的过程中，都有过这样的痛苦，要么就是听不懂，要么就是说不出。有种爱你在心口难开的感觉，即便能开口说了，也总能暴露出自己老家在哪旮旯。通常以上这种情况的同学，都不怕和老外交流，最怕就是旁边杵着一个中国人听着，为什么？你心虚啊！你突然就不好意思了！特别希望旁边杵着的这个中国同胞麻利儿地滚远些，老外他不会嘲笑咱们的口音，比较包容（和印度哥们儿的口音比起来，我觉得咱们的还 OK），同胞听完就不一样了。这种心理我非常理解！

记得每次校区里，只要来一个新学生，答题语调起伏超级强烈的，此人马上就出名儿了。旁边经过的学生听到，都会跑来跟我八卦刚才那个"激情哥"是谁啊，说话怎么那样儿？（一副八卦脸）

你说心里憋不憋屈，语调平的被说成"没灵魂"，语调 drama 的被同学吐槽成"激情哥／姐"。

到底让人家怎么样嘛！不要急，这本书帮你一个一个解决，打怪升级，最终变成大 boss，走向人生巅峰！

不管你是学生，还是家长，或者是上班族，总有需要开口说英文的时候，或许你是临近出国读本科的 Freshman，或许你在各行各业里成了叱咤风云有头有脸的人物，或许你要陪伴孩子一起出国念书照顾他的饮食起居。一旦要跟老外聊上几句，自己就变成了哑巴或者另外一个人，这样可不行哦！

或者在一些定期与外方的商务洽谈会上，因为发音不好而束手束脚，丢失了你的气场。就怕你手底下干活的说出了一口标准流利的美式英语，瞬间气场盖过你啊，你说急人不急人。

咱们再说说想出国的宝宝们，你们托福雅思这条路走得辛苦。听力听不懂、口语答不上来的痛苦，说完了人家听不懂的尴尬，想必你们也都有所体会。我想说，很多时候听不懂是因为你平时说英文那味儿跟老外截然不同，所以自然你在听地道的美音时，就会懵，经常会出现 2~3 秒甚至更长的延迟，等你反应过来那句话是什么意思，后面的听力内容也都落下了。

这是本什么风格的书？

美语发音速成。

我们的课程中不会从头到尾给大家讲种种深奥难懂的学术理论。我会挑出美式发音中最精华的部分，快速练就美音，同时释放天性。先了解自己的痛点，再逐个击破，理论实践必须结合。

我们整节课等同于：对比正确发音和自身发音——点出错误之处——纠正直到正确——强化正确发音—加入你灵魂的正确发音。

目的是以速成为主，也就是希望大家看完这本书，首先理解是什么阻碍了自己的听力，以及全方位了解美音的显著特色，快速提升发音的技巧，说出一口好听的英文。

注意，我强调一个词："好听"！

每一期课程都针对：

一个美语的发音规律，知识点讲解，

小板块训练（词／短语）

综合训练（长短句子）

配音训练（从电影、美剧、动画片、读诗中摘取经典片段）

视频课程中播放的是我本人的配音作品，大家可以作为练习的参考，同时也可以去搜索相关的视频观看，做进一步的训练和纠正。

发音准确是一方面，发音又准确又像美音是另一个层次。最后又标准又像美国人，而且还有灵魂，有你自己的说话风格，才是真正我们要达到的境界。

灵魂重要吗？当然，大部分朋友在说英语的时候，语调是平的，跟念稿子一样，怎么可能有个性、有灵魂？说话像机器人或者行尸走肉还是不太好哦。要改变老外对咱们国人发音的刻板印象！

你要知道：

掌握了理论，才能更好地运用到实际。

而正确地运用后，才能更加深刻地理解和记忆那些枯燥的理论。

你可能平时在看英文原版电影、电视剧时，会发现老外怎么说话是这样，例如很多单词都说得几乎听不到，那么请你带着你诸多的迷思和疑问，进入我们的课堂。

口音"好听"为什么这么重要？

原因很简单，因为这是门面，也就是相当于人的颜值。大家都能感受到这个世界的恶意和残酷了，这个看脸的社会，颜值即正义。所以这么多人去整容，花高昂的价格微整，因为大家都知道有一张好看的脸，可以为自己带来一些好处和捷径。当然这个时代越来越多独立的女性，也不乏因为"老娘自己看着开心"去微整的。不管怎样，追求完美的人都会内外兼修。

发音好的人说英语，你就觉得 TA 好有气质！

一个老外跟你聊天，首先听到的就是你的发音，其次才是你的语法、句式、内容。如果你的发音好，够地道，他们当然会眼前一亮，更愿意跟你聊下去。这就是为什么托福雅思口语考试中，发音好的学生考到 23+ 比一般人容易很多。人们经常无法抗拒一张漂亮的脸蛋，同样也抗拒不了发音纯正的口语，尤其那些对中国人发音有刻板印象的老外，听到你如同 native speaker 一样的发音，瞬间眼前一亮。多聊 5 块钱？多聊个 100 块钱都不成问题！

那么在开始我们的课程之前，大家先确认已了解以下 8 件事：

1. 我意识到了我有口音，不够地道，我一定要改变，并且我相信这本书能帮助到我（互相信任是前提）。

2. 我一定要逐步掌握这些发音技巧，并且加以练习，急于求成是没用的，至少给自己 3~6 个月时间，如果总是半途而废，宁可不要开始。

3. 我已经开始做发音和语调的训练了，并且慢慢找到了感觉，可能练习过程中我有时会难为情，或者遭到周遭的嘲笑，但成大事者不拘小节，所以我不介意，因为我在突破自己，不像有的人一直原地踏步。

4. 我学会了断句，并且了解到意群是个什么东西了，这和我平时英文的阅读和听力息息相关。如此一来我感觉自己说话有了节奏感，说唱什么的 freestyle 不再是梦啊！

5. 我每天或者每隔 2~3 天就会录音，并且做模仿跟读的训练，不断地对比，并且察觉到自己的变化，我要慢慢养成习惯，达到不跟读就睡不着觉的强迫症状态。

6. 当有机会能够使用口语时，我会鼓足劲使用这些技巧，能想到哪些算哪些，起码我开始尝试了。我觉得自己很棒，而且可爱。

7. 我每天都要用我新学到的技巧，模仿一些文本，比如跟读托福雅思听力音频，或者跟读我喜欢的电影电视剧台词、纪录片、名人名校演讲、我偶像的采访、TED 酷炫演讲，或者 BBC、CNN 的新闻，语速慢一点的会选 VOA。总之，我只选择我喜欢的文章及内容，这样使我更有动力。

8. 我每天要坚持 15~50 分钟的练习，如果忙的时候我会选择在路上坐公交或地铁的时候完成，如果不忙我会坚持练习 50 分钟，但不会再长了，因为我要保持新鲜感，并且我的最佳专注度其实就 50 分钟。

请一点点解放你们受压抑的天性，用最高的效率突破瓶颈！改变发音不是一朝一夕的事，需要你坚持，训练发音的同时，也在激活你的口腔、双唇、舌头和头脑的灵活度和反应力。一开始你会觉得痛苦，千万不要放弃，这是一个语感逐步建立的过程。

我们很难改变别人，但可以改变自己，让我们变得更加优秀，直到成为一种习惯。

让我拉你们一把，上对船，早登彼岸吧，同学们！

最后，特别感谢我的学生插画师于孟飞。

lesson **1**

请用正确的姿势学习美音

很多朋友都觉得自己说英语的时候,既不像美音(American Accent),也不像英音(British Accent),那自己的发音到底偏向于什么风格呢?

其实英音和美音听起来就像两个不同性格的人:美音代表放荡不羁、随性自由,英音代表内敛拘谨、正统严肃。

从技术层面来说,英音和美音有一个很明显的区分,比如对待卷舌音"r"时,美音会非常坚定地发出"water",此时能感觉到舌头向内卷,略微感到紧绷;相反,英音会弱化和释放卷舌音,顾名思义就是放松舌头,不将其卷起,听起来更像"wateh",弱化了卷舌音。

除此以外,美音在发音部位上也有自己的特色:美音是由口腔靠后的部位以及喉咙发音。比如我们在说"go to"的时候,不会说成"勾吐"一样,那个"to"被弱化了一样。

人说话的语调、音质和断句以及一种悠闲、放松的态度成就了美音独有的特色。这种放松的感觉使得慵懒的美音和干脆的英音明显不同了。

很多人的英语发音很好，但当别人问到他们发音技巧的时候，他们都说不上来。而模仿能力强的人，不光能读准一个单词，即使一句美剧里的台词，男主／女主说英语的语调也能模仿得出来。

语调也是英语发音中的一个很重要的技巧，而且这个技巧还与人的语言天赋相关。

但是，大家千万不要灰心！

我们身边那些英语发音好的同学，很多是源于童年时期遇到了一个好的英文启蒙老师，但也有很大一部分因素来源于后天的纠正和努力（只要你下定决心要变得更好）。也就是说，美式发音也是可以通过后天的训练达到的，即使没有那么的逼真和惟妙惟肖，但是也可以改掉我们说 Chinglish（中国式英语）的习惯。

造成大家说 Chinglish 的原因：

1. 喜欢在辅音和辅音相邻的音节中加入一个元音，比如：blue= 补录，sky= 死盖。

2. 喜欢加强以辅音结尾的单词的辅音发音，比如：put=pu 特，but=bu 特，it=i 特，need=nee 的，cake=ca 渴。

综上所述，中国人跟辅音干上了！

下面就来看一下我们最拿不准、容易读错的单词、词组和短语，举几个最典型的例子，同时回忆自己是否曾经错过。

1. go to：不懂有弱读音这种东西，发音太实在。

2. good：用中文去读，怎么可能准确呢？

3. passion：咧嘴音错误，变成了 "拍婶" 的读音。

4. can/can't：说出来外国人总是要跟我们 double check（再次确认），我们自己生闷气，外国人听了也是一头雾水。

5. beer/bill：卷舌音和 l[el] 音就是死活分不清楚，我们明明是要结账买单，结果服务员又给你上了一瓶啤酒，发音混淆害自己花冤枉钱。

6. definitely / absolutely：这种副词，读出来就是那么的仓促，一点都不酷！英文单词其实不用逐字去念。

7. again / complain：完全暴露了我们不懂鼻音，"鹅干，额……干 / 康普烂"。

8. friend / expensive / ending：读错这些音，是误会了 [en] 这个音节好多年。

9. stupid / expand / spend / experience：不知道爆破音的规则。

好的发音，对于每一个学习英语的人来说都至关重要。

毕竟所有的语言学到最后，就是输出和运用，也是最终检验我们学习成果的时候。

能否跟外国人对答如流，并且让他听到我们的发音之后拍手称赞，对于每一位学口语的人来说都是很重要的。就像大家都希望自己颜值高、身材好、发型时尚、穿着有品位一样。这是第一印象！有谁会想跟老外聊天的时候，只能掏出手机给他发短信呢？

所以，发音是我们的门面，里子够不够硬，靠的是我们的词汇量和流畅自如、精准到位的文笔。但是张嘴说英语的那一刹那，决定了外国人是否愿意跟我们进一步聊下去，而且这也决定了我们的气场。

我们在说英文的时候，完全可以像说中文一样展现出本真的自己。我们的情绪——欣喜、激动、悲伤、失望，我们想传递出来的信息——讨论、展示自我、撒娇、争辩或者吵架，都应该让对方从我们所说出的英文中完全感受出来，而不是成为一个说英文的、没有情感情绪的机器人。

技巧速成

我们要想说好英语，必须注意以下几方面的内容。

一、语调（Intonation）

大家注意：

在汉语中，音高变化表示不同的含义。

在英语中，音高变化也表示说话人的意图。

语调是练习发音过程中最好上手但也是最难以标准答案衡量的部分，我们可以通过多种方法增强说话的语气。比如从一句话中挑出一个重点单词提高语调，让对方知道这个是我们想表达的重点。不用多，先挑出一个单词就好。大家可以尝试一下，不过一定记住要循序渐进，别一下子用力过猛，不然也可能达到反效果。比如，在美剧《生活大爆炸》里，有一集讲述了 Shelton（谢尔顿）如何学说中文，非常搞笑、有趣。他在学说中文时的态度和方法是值得我们学习的：

第一，他在说中文的时候，有语调的起伏。比如，他说"我的名字叫 Shelton"，他加重了"名字"的读音，为什么？因为在英语中，"My name is Shelton"也是习惯重读"name"这个单词，突出这句话的核心重点，是在聊名字的事儿。他把母语中说话的语气和重音顺理成章地代入了第二语言的学习中。

第二，他学中文后来有点走火入魔了，以至于有人突然出现在他面前时，他说的居然是中文："吓死我了！"而不是说母语："You scared me out of shit."

为什么要举 Shelton 学中文的例子呢？因为他把第二外语的学习融入生活中，能用则用，尽可能地练习，尽可能地"显摆"。这样很好，并且他说中文的时候，也很注意语调的应用。那么我们在说第二语言——英文的时候，是不是也应该借鉴这个方法呢？

在英语发音中，语调具有以下几个特征：

1. 在英语中，语调同样可以传递出说话人的意图、新信息、情绪等。

2. 语言韵律的另一个方面是断句，不会断句的学生跟读模仿音频的时候肯定很累，觉得吃力。不要小看断句，它表明句意是陈述、疑问、选择、列举或者说话人在句中的位置（句子开头、句子结尾等）。我们有时候做英文演讲，因为紧张，语速时常会加快 25%—50%，这样反而会变成念经一样，让下面的观众无法专注地听。在电影《国王的演讲》里面，提到一个技巧：当你想要吸引观众的注意力，或者要讲到一个重点内容时，可以在此之前停顿几秒钟，这就能够很好地重新抓住大家的耳朵，注意力放在别处的人也会重新望向你。这个其实和断句的精髓是一样的。

3. 英语发音中，有大量的单词尾音的省略、连读、略读。如果我们的英语听力不好，绝大多数原因是我们说的英文跟外国人说的不一样，所以会听不懂，或者我们需要听好几遍才能听出来，又或者等打开了听力文本才恍然大悟。就像我们听一个人说自己不熟悉的方言，有时候得反应 3—5 秒钟才明白是什么意思，而这个大脑反应速度的延迟，也会降低我们沟通的效果。

4. 英语也有语调起伏。汉语给予我们学习英语的优势——语调，普通话的四个声调，中国人都能发得出来，所以请高度发挥我们的声调特征吧！女生的语调起伏可以大一点，男生稍微有一些起伏即可。

5. 音高。美国人认为，一个人突然升高语调，意味着压力、紧张、惊讶、狂喜。所以我们在说英语时，有语调起伏的同时也要保证说话自然。一个在说第二语言时非常有压力的人，可以尝试着用比平时低沉一点的声音去说英语，这可以掩盖发抖的声音，也会使自己更有气质。注意，这里说的是声音低沉一点，而不是没有语调哦！

二、连读（Liaisons）

1. 为什么英语连读这么难？

其实，连读并没有大家想象中的那么神乎其神，因为它有规律！只要摸清楚其中的规律，就可以模仿出来。

我们的汉语大部分是以辅音开头，并且多以元音或者鼻辅音（n 或者 ng）结尾的拼音。比如，我 (wo) 要 (yao) 练 (lian) 好 (hao) 美 (mei) 式 (shi) 发 (fa) 音 (yin)。也就是说，汉语中没有以 t、l、b 结尾的音。而英文中大部分的单词都是以 t、l、b 结尾的，比如 put、well、web 等。

所以，如果我们用说汉语的习惯去说英语时，就会不自觉地强化单词最后的尾音 t、l、b，例如将 put 读成了"铺特"。

2. 如果我们不连读，也就失去了把句子连接起来的不明显的"哼哼"声，这种声音就像一条大道，而单词就像是载着听者的汽车。连贯而流畅的英语表达也就因为学会连读而产生了。

我们可以用英语连读尝试说下面这些句子和短语：

I'm a student.

Put it in the box.

go up

look through

3. 我们需要知道音阶理论。首先，语调不是绕来绕去的音，它应该是阶梯状的，我们将其称作"staircase"，是直上直下的语调；而非像山峰、山谷一样蜿蜒起伏的那种魔幻感觉。例如：It's a good idea！如果用魔性的语调读，听上去只会不伦不类。

三、发音（Pronunciation）

请大家跟我读一遍 mate、met、mat，区分一下它们的发音，我们先从 "ε" 学起。

比较难发的音：[l]、[v]、[th]、[r]、[t]、[æ]。

th 咬舌音	俗称咬舌音，发音时，舌尖抵住上牙齿内侧，有时候不一定要咬住舌头，碰到即可
r 卷舌音	舌头不碰触任何地方，从喉咙深处发出 r 音。具体见 "r 的发音规律" 篇
t	见 "t 的发音规律" 篇
l [el]	舌尖抵住牙槽骨
v	p/b/f/v 都是爆破音
æ 咧嘴音	ʌ 像是被人掐住脖子发出的 "啊"

四、发音的位置（location of the language）

正如我在本章的开头提及的美音发音的位置，是在口腔靠后的地方甚至在喉咙的深处。英语要求说话者经常使用舌尖，如 th 以及末尾的 t、d、n、l，注意关注之后讲到的牙槽骨那部分。

所以，我都会建议那些清晨去参加口语考试的学生，要提前激活一下自己的口腔和舌头的灵活性。我们通过一些朗读训练达到预热的效果，就像运动之前需要先热身，是同一个道理。

小模块热身训练（Warm up with run-up phrases）

　　作为一个正常的人类，在即兴表达的时候都会卡壳，毕竟我们不是机器，也不是在念稿子，所以卡壳是很正常的现象。但是我们不太知道如何掩饰，往往就很实在地暴露了自己断片。甚至一紧张，还会跑出来"那个……不是……呃呃呃呃呃……诶诶诶诶诶……"或者蹦出简单的英文单词。这样的话，就很尴尬了。

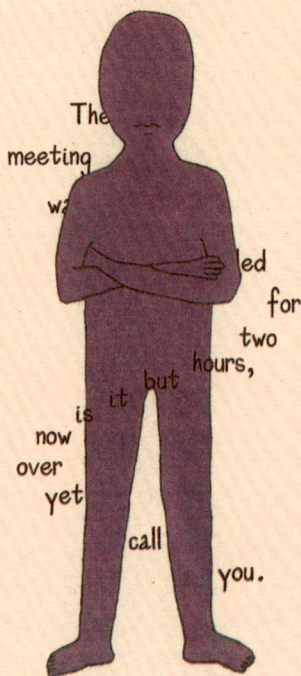

The meeting was led for two hours, but is it now over yet call you.

而且外国人基本不懂"那个"其实是中文，他们也有可能以为你是在说一个很 raciest（不雅）的词：nigger。这是一个对黑人非常不尊重的单词，这样会造成更大的误会，让我们吃闷亏。

其实，"well, you know, you know like, here is the thing, the truth is, uhh, just try to imagine that, it kinda seems like"等都是很好的卡壳过渡词。大家可以大大方方地去使用，但是要注意语调，比如说"you know"时，千万不要一板一眼、字正腔圆地说出来，语调变了，那么它就不是过渡用语了。

语言输出时多半是即兴的，首先要接受自己说话卡壳，其次要学会用上面列举的引入语去弱化卡壳，并且用一种外国人卡壳的方式去过渡，他们不仅听起来亲切、熟悉，也显得我们说话流利一些。

配音练习

电影《超体》中斯佳丽对妈妈的深情表白

— Repeat after me —

女儿：

Mom, I feel everything. Space, the air, the earth, the vibrations,the people. I can feel the gravity.I can feel the rotation of the earth，the heat leaving my body,the blood in my veins.I can feel my brain,the deepest parts of my memory. The pain in my mouth when I had braces.I can remember the feeling of your hand on my forehead when I had fever.

妈妈：

The cat？　What cat, honey？

女儿：

The siamese with blue eyes and broken tail.

妈妈：

Sweetie, you can't possibly remember that. You were barely a year old.

女儿：

I remember the taste of your milk in my mouth. The room, the liquid...

妈妈：

Sweetie, what are you talking about ?

女儿：

I just wanna tell you that I love you, mom and dad...

妈妈：

Sweetie...

女儿：

And I wanna thank you for the thousand kisses that I can still feel on my face. I love you, mom.

妈妈：

I love you, too, sweetie, more than anything in the world.

没有语调就没有灵魂

这一课的开始，我又忍不住要给大家发"心灵鸡汤"了。在学习语言的道路上，谁都不是一朝一夕就能成功的。一个长久而错误的发音习惯，势必需要我们长时间去修正。但是我们不要因为"觉得自己说得差"就不敢开口，想要改变，就更应该大胆地尝试。不要想太多，开口说就对了。

我在美国念本科的期间，结识了不少外国朋友。很多美国女生都会问我中文的粗话有什么，她们学完之后，还会在没事时就拿出来调侃用。甚至有一个人在从酒吧回去的路上，摇下车窗对着经过的车大喊中文粗话。后来我当了老师，很多学生也会想学一些地道的英文粗话。

虽然学说粗话并不好，但我们可以理智而客观地对待这件事情。比如学习语言时，我们一定要找到一个让自己感兴趣和兴奋的点，从侧面激发自己学习和模仿的热情。更有趣的是，我发现有的学生在模仿感兴趣的内容时，一瞬间就掌握了美语发音和语调包括面部表情的精髓。其实大家都是可以模仿的，只要你细心观察，反复操练。

中国人说英文的时候，大多数都是平调。即使有起伏，也不得法。比如，乱挑音，乱拐，很多单词也是长期读错。那到底什么样的语音、语调才是好听的？

学习语言的阶段一般分为以下四种：

1. "我错了吗？我怎么不知道？"也就是我们无意识地犯错误，即自己都不知道。比如，大家常常忘记第三人称单数要加 s，将"he thinks"说成"he think"，或者 he 和 she 混合双用，"my grandmother he⋯"

2. "天哪，我怎么又说错了！"也就是我们意识到自己犯了错误，即自己知道错了，只能重来一遍，但是却不知道如何修正。但是当我们真正和别人交流时，总是重来重来，谁还愿意跟我们聊天呢？

3. "我一定不能再错，不然实施惩罚。"我们已经开始有意识地改变，即我们努力改正了，加强了肌肉型训练，将第三人称单数加 s 的常见搭配"he thinks"反复说几十遍，就变成了下意识的反应。

4. "我好像没再错过，你不说，我都没意识到。"这就是无意识的习惯，即我们已经完全地吸收了概念，正确的发音习惯终于成型。

技巧速成

想准确掌握美音的语调，我们需要理解以下几方面的内容：

一、韵律（Speech music）

什么是韵律？比如，你远远听到一个老外在说话，但听不清具体说话的内容，却能判断出他的国籍。你听到的就是语言的韵律。

美音的韵律特色：

1. 美国人说话的一大特色，就是不怎么动嘴唇，这是我们肉眼就能感受到的。

2. 他们是从喉部发出声音，且十分积极地使用舌头。美国本土音乐是爵士乐和 Swing 摇摆乐的结合体，所以美国人自身携带的发音方式就像爵士乐的演唱，比如 "bada beda bita duba dida"。大家可以去听 Robbie Williams ／ Olly Murs 的《I Wan'na Be Like You》，收录在专辑《Swings Both Ways》中。

3. 美音语调比英音夸张，但更容易让人听懂，让人更加自信，更有说服力。还有，要提醒大家的是，不要去和无理由讨厌美音的人争辩什么，萝卜白菜各有所爱，我们只要能使自己的发音变得更好就行。

4. 情绪的拿捏。请大家仔细回想一下曾经看过的日剧、韩剧、美剧、英剧、泰剧、印度剧、法国文艺片等，剧中人物说话时都有哪些不同呢？例如，日本人说话的语调和美音相比，显得有点突兀、呆呆的，甚至还显得有点拘谨、容易紧张，但是也不乏可爱的成分；德国人说话则显得有些僵硬；而法国人说话时，语调会在每句话的末尾上扬，十分有力，听起来浪漫，富有感情，并且他们是用口腔前侧发音。

二、要有语调

1. 不要逐字去念

就像我们在说中文的时候也不会每一个字都字正腔圆地去念，只有主播腔才会这样。我的初、高中老师都是老北京人，他们在叫我名字的时候，都把"董天宁"读成"dong'an ning"，说话快时那个"tian"中的"t"自然就弱化不见了。英文发音同样存在大量的略读和弱化的现象。

所以，我们在说英文的时候，要减少呆板的感觉，要学会连读和略读，还要学会抑制发音。

2. 连接单词，形成音群

音群，并不是把每个单词变成一个单位，而是把音群变成单位。

音群的形成需要连读、略读、弱化等技巧的帮助来实现。当我们听到老外说一句话，并不是很能听清楚每一个单词时，就代表音群发生了。例如，"Lisa won an award."我们听到的往往是这样："Lisa wo nan ne war."这中间发生了几处连读和弱化现象，所以很多人会听不出来或者误解原句的意思。

小练习

　　大家说英语时，喜欢加入多余的元音。例如，music、sky、blue 这三个单词，我们很容易将其读成了 /ˈmjuzɪkə/、/səkaɪ/、/buˈlu/，把这些多余的加粗字体的音标一加上，Chinglish（中国式英语）瞬间就出来了。

　　我们要记住一条规律：在英语单词中，辅音相连时，不能在辅音间加入元音。

　　下面我们来练习一下：

　　abrupt accessbreadth depth drift bulbscraft

　　（友情提示：加粗的部分均为容易加入元音的地方，请大家务必小心）

3. 使用阶梯状语调

　　语调的强弱、高低、起伏都代表了每个人的性格、当下的情绪或者是否自信。并非每个外国人都适用下降式的阶梯状语调。为什么要将语调形容成阶梯状？因为英文中的一句话，语调上扬是单词的首字母就要上扬，而不是成山脉状的起伏，那样子发音会显得怪怪的。

　　（1）美国人时常会延长自己的发音，如此一来，延长了元音，便可以将元音放在两个台阶上，而不是一个台阶上。

　　"I will be there." 这是平调 flat。

　　"I will be there." 这是正常的下降音阶。

又或者是美国人在说"no"时，语调也会有区别。

"no"是在一个阶梯上。

"no ou"是在两个阶梯上。

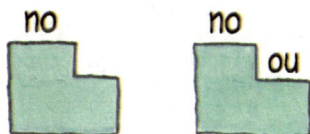

（2）当我们遇到以清辅音（声带无须振动发出的音：t, k, s, x, f, sh）结尾的单词时，会发现清辅音前那个元音会说得很快，在一个台阶上就发完了，比如"seat"这个单词；当我们遇到以元音（a, e, i, o, u）或者浊辅音（b, d, g, z, v, zh, j）结尾的单词时，浊辅音前的元音会说得较慢，会延长至两个台阶上。

清辅音 t 结尾的单词"seat"，这个单词发音在一个音阶上。

seed 这个单词，我们在发音时会有延长，所以在一上一下的台阶上，例如"see eed"。

（3）名词陈述句语调。名词陈述句语调要强调名词，比如："Jerry makes **music**."

（4）代词陈述句语调。代词的种类众多，有人称代词、物主代词、反身代词、指示代词、关系代词、疑问代词、连接代词和不定代词，等等。在这里咱们不把口语课上成语法课，就记住一点：当我们用代词代替名词时，强调动词。比如下面这个例句："They **eat** them."（they 是主格，them 是宾格，这两个都是人称代词，那么重点就变成了夹在它们中间的这个动词。）而有的同学容易加重"them"这个词，比如"themu"听起来像"贼母／赠母"。这个语调需要纠正，"them"这种词，基本都是弱读音，一旦硬把它强调出来，语调听起来就会显得很诡异。所以，当我们用代词代替名词时，一定要强调动词。

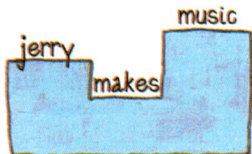

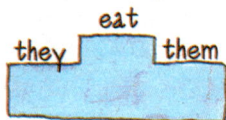

（5）陈述句语调和疑问句语调的对比：疑问句在最后一个单词的地方升调。

三、构成语调的三种方式
（Three ways to make intonation）

我们一定要记住构成语调的三种方式，并且私下尝试：

1. 第一种：SAY OUT LOUD! 大声提高音量，简单粗暴地引起别人注意，我们的目的达到了。

2. 第二种：强调句中某一单词的发音，延长或者加重我们想要引起他人注意的单词，带一点暗示的味道。如此一来，我们就可以掌控和对方的谈话，并且让对方更易听到我们想让其听到并听懂的内容和关键信息。

3. 第三种：改变音高！在改变音高之前，我们可以小停顿一下，达到让人专注听自己讲话的效果！当然不用每一次都停顿，这会让人发现我们的小心机和套路，但是这确实会让听众集中注意力去认真聆听我们说话，因为他们会觉得接下来的内容会很有趣。

四、四种信息需要有语调

1. 新信息

It sounds like **cello** (It's **cello**).

不难看出，"cello（大提琴）"是新信息，也就是这个句子想要表达的最重要的部分。所以在说这句话时候，需要在"cello"这个单词上加强语气，而 cello 之前的"It sounds like"用平调就可以了。

2. 观点

It **sounds** like cello, but I don't think it is (but it's not) .

这句话比上一句复杂一些，大家能否感觉到，语调使实际表达的意思与字面意思相反。

还有一些句式可以有这些隐喻，我们来感受一下：

It looks like a Gucci, but I think it's Chole.

所以，我们要注意以"It feels like.../ It tastes like..."为开头的句式。

我们来看看下面这两句话：

It sounds like cello.(听起来应该是大提琴。)

It sounds like cello.(其实不确定是不是大提琴，或者就不是大提琴。)

发现了吗？重音落在不同的单词上，这句话想传达的含义也会有所变化。

3. 对比

He likes cello, but he hates violin.

在这句话中，like 和 hate 是一组对比的反义词，所以在句中都需要重读。

4.Can't

曾上过我英语课的同学，应该都听我着重强调过"can't"的发音问题。很多学生在说"can"和"can't"时发音一样，几乎听不出来区别。所以他们到了国外，也常因为发音没区分导致被老外重复确认："I'm sorry, you can or you can't?"

如果我们总是被别人这么问，心里能不烦吗？

像"shouldn't, wouldn't(缩略词) / no, not, never(否定词)"这些都是重要的单词，因为它们完全否定了句子的意思，但重点来了，我们通常不重读它们。

而"can't"是个例外。

那么我们要如何区分"can"和"can't"的发音？

我们依然用音阶去理解。

在说"can"的时候，是降调，发音是 /kɜn/，这个音靠近于中文的"啃嗯"。

在说"can't"的时候，是升调，发音为 /kænt/。

知识链接

关于"pretty"你可能不知道的潜规则

外国人有时候会区分清楚"pretty funny（确实有趣，说话者表里如一）"和"pretty funny（不一定有趣，其实是真的无趣，自己在说反话）"的意思。

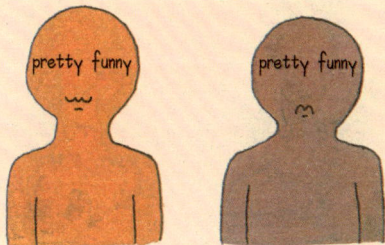

我们来看下面两段对话：

Man:How did you like the movie?

Woman:It was pretty **good**. (我喜欢这电影。)

Man:How did you like the movie?

Woman:It was **pretty** good.(我其实不喜欢这电影。)

大家明白了吗？

五、音调变化所带来的翻天覆地的意思变化

当我们说话的音调发生变化时，同一句话也会有不同的意思。

例如："I didn't say he cheated in the exam."（我没说他考试作弊。）

这句话中单词的音调不同，会有以下几种不同的意思：

● I didn't say he cheated in the exam.

真实意思：不是我！是别人说的啊！（而且很确定是有人说的，总之不是我就对了）

● I **didn't** say he cheated in the exam.

真实意思：这根本不是真的！有人想黑我吧，我压根没说过这话！我怎么可能这么说他啊！

● I didn't **say** he cheated in the exam.

真实意思：我只是设想过某种可能性，可能我暗示过或写过（他作弊），但是我没有说过这句话！反正我就是没有说出口过就对了！

● I didn't say **he** cheated in the exam.

真实意思：我觉得是别人作弊，但是我没说一定是"他"啊！

● I didn't say he **cheated** in the exam.

真实意思：可能他是被误会了，他不是存心作弊的吧，这其中或许有隐情也说不定。

● I didn't say he cheated in **the** exam.

真实意思：我觉得他是作弊了，但是不是在这一场考试中作弊，可能是别的课程的考试。

● I didn't say he cheated in the **exam**.

真实意思：我觉得他是作弊没错，但是不是考试作弊，其实就是个随堂测试（pop quiz），不是大考试。

注意：这个例句中的"in"在任何时候都是弱读音，不需要强调。在弱读音章节中，我们会重点给予说明和练习。

六、疑问句我们如何处理语调?

疑问句有三种类型:

一般疑问句(yes/ no);

选择疑问句(either/ or);

特殊疑问句(以 who / what / when / where / why / 或 how 开头)。

1. 一般疑问句

一般疑问句,通常情况下我们上扬最后一个单词的语调即可。

例如: You wanna drink something?(你要不要喝东西?)

在这种问句中,可以上扬的词是"something"。

2. 选择疑问句

例如下面的句子:

Would you like black tea or hot latte?(你要茶还是咖啡?)

在这种问句中,可以上扬的词是"latte"。

3. 特殊疑问句

下面我们来练习一下特殊疑问句:

当我们去餐厅、咖啡厅时,店员会询问一句话:"What would you like?"

(1)What would you like?

这是最常见的重音位置,就是单纯地通过询问获取信息。

(2)What would you like?

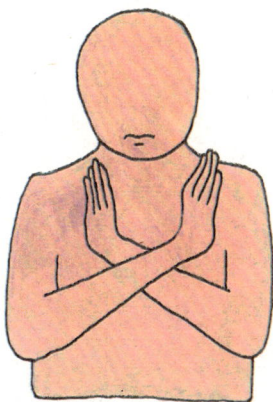

重读"you"，是为了将某个人从一群人中区分开来。

（3）What **would** you like?

想确认所问的这个人的真正喜好和需求，并且好进一步地再次确定。

试想一个场景：我们已经进行一问一答的对话好久了，还是得不到准确的答案，双方都有点小情绪。这时如果一方重读"would"，相当于中文的问法："你到底想要什么？"只是"到底"这个词被would重音体现出来了。来，我们领会一下！

（4）**What** would you like?

通常情况下，加重"what"的读音是因为问话的人没太听清对方的话，想再让他（她）重复一遍。当然，也可能发生在我们不相信自己刚刚听到的答案，于是再问一次，想要再次确认。

了解以上有关英语语调方面的知识后，我们有没有觉得英文和中文套路都一样深？其实这不算什么，振作一点！接下来我们来学习最后一个小知识，学完这一章就功德圆满了！

口头拼读单词和说数字的语气（加粗的字母为重读部分）

首字母缩略词	拼读	说数字	说时间
SAT	Cook (see oh oh **kay**)	100086 （邮编）	two-thir**teen** （2:13）
ASAP	Bay (bee ei **wai**)	October,23th,19**90** （生日）	**mid**night
X,Y,Z	Isabel (ai ess **ei**, bee yee **el**)	517-**488**-5120 （电话）	after**noon**

　　掌握了美音语调的技巧之后，接下来我们要做的就是夸张一点的模仿和重读。我们可能觉得自己就像一个 drama queen（戏剧女皇），但那又如何！如果你觉得自己这么夸张地说话很荒谬，其实这是错的，在我看来，你只用了五成功力吧？

　　在学习美式发音的过程中，夸张一点说话有其必要性。因为当我们在和人正常聊天时，很多东西就无法顾及了，可能我们会完全忘记要重读某个单词这件事。通常来说，我们在私下练习时如果毫无保留地发挥九到十成的功力，这样在真实对话时能发挥出三到四成的功力就已经非常值得表扬了。那么，试想一下，如果私下的每一次练习我们都发挥十成的功力，这就像一根被使劲拽长的橡皮筋，当再反弹回去时，也变不回最初的样子了。练习的时候，我们会有意地避开发音的错误，刻意地改善自己的语调，而在真枪实弹的日常聊天中不可能像练习那样。发音练习也是一样哦，让自己的说话风格、语气语调变成一种习惯。

我相信，我们一定可以解放天性！

我们学会对自己说："嗨，练习时夸张一点，这没什么的。"

配音练习

《超能陆战队》中小男孩小宏和大白（Baymax）告别

— Repeat after me —

（在这段对白中，我们会发现，大白的声音非常冷静，而且语调平稳。相反小男孩小宏的语调起伏强烈多了，所以情绪的转换和把控很重要。）

大白：

There is still a way I can get you both to safety. I cannot deactivate until you say you are satisfied with your care.（冷静平和）

小宏：

No, no, no, no. Wait, what about you？（疑问的脸）

大白：

You are my patient.

小宏：

Baymax！

大白：

Your health is my only concern.

小宏：

Stop!（激动）No!No, I'm gonna figure out...（哭腔）

大白：

Are you satisfied with your care?

小宏：

No!There's gotta be another way.（哭腔变严重）I'm not gonna leave you here.I'll think of something!（语调完全上升一个八度）

大白：

There is no time. Are you satisfied with your care？（温柔、冷静、平和）

小宏：

Please！No！（咆哮ing，抑制不住地哭）I can't lose you, too!

大白：

Hiro, I will always be with you.

重音可以助攻你重建语感

上一章我们说到了语调，语调是宏观的，重音是微观的。我们正一步步走进美语的宫殿。

开始之前，请大家记住一件事：如果某个单词是多于一个音节的词，则其中一定有一个重音，请你找准哦，否则单词发音就会错，比如：photography, psychologist, globalization, intelligence, definitely, demonstrate, illustrate 等。

不难发现，很多时候的单词发音读错，都是因为没有找准重音。

而在你搜寻这个重音位置时，可能会闹一堆笑话，或者觉得自己像个神经病一样在各种音节尝试重音，直到找到一个最舒服的位置，放上那个重音符号。

可怕的是，如果在英语中，你重读了错误的音节，就会使一个单词意思发生改变。

例如：desert 的两种读法：'desert 是沙漠； de'sert 是甜点，如果因为重音落错位置而导致对方误解你的意思，是不是很尴尬？

为什么要把重读这一章内容，放在如此之前？ 因为不管我们说一个长句还是短句，至少有一个单词是重点，如果明明是重点却轻描淡写，则聆听者会难以抓住重点。我们听美国总统或者一些名牌大学的经典演讲，那些最撼动人心的演讲都有着极好的演讲技巧，我们在聆听的过程中第一点就要做到：分辨重音，从而跟上他说话的节奏，当一句话话音刚落，便能明白这句话的深意和重点，同时不容易开小差。

美国是一个擅长演讲的民族，总统选举电视辩论开始于1960 年，竞争的双方是民主党的肯尼迪参议员与共和党的尼克松副总统。此后，每届总统大选电视辩论是美国收视率最高的政治性节目。

　　为什么我们会去参考和学习那些美国名人名校演讲呢？是因为他们在演讲的时候，内容接地气，语言犀利，又不失幽默感。听众自然觉得有意思。包括他们说话时候的抑扬顿挫，也难以让人分心。很会带节奏！

　　比如之前很火的约翰•罗伯茨（John G.Roberts,Jr.）现任美国首席大法官（Chief Justice），在卡迪根山中学（Cardigan Mountain School）2017 年毕业典礼上的演讲：《我祝你不幸并痛苦》，来感受两段节选摘句：

　　"在未来的很多年中，我希望你被不公正地对待过，唯有如此，你才真正懂得公正的价值。"

　　From time to time in the years to come, I hope you will be treated unfairly, so that you will come to know the value of justice.

　　"我祝福你遭受切肤之痛，唯有如此，才能让你感同身受，从而对别人有同情的理解。"

　　And I hope you will have just enough pain to learn compassion.

技巧速成

首先，你要知道一件事，以下四种词性可以加重读音：

名词	实义动词
book	practice
形容词	副词
fancy	absolutely

在这里多说一句，大家可能对副词会觉得比较陌生，而老美在说英文的时候，是很喜欢说副词的，如此 Seriously, I dumped him！讲真，我甩的他！这个 seriously 是需要重读的。如果你真的很难有起伏的语调，不妨利用副词，这样情绪也有了。

大家可以在说口语的时候，巧妙地运用这一方法，增强自己的语感，加强自己的情绪。因为咱们说英语的语调通常会比较平淡，如果你真的没办法那么 high，那么就在句子中加上副词，比如：I will definitely make it well, that idea is totally a bullshit. 这样自然就有了情绪在里面。

一、规则 No.1

对于名词，我们重读第一个音节；
对于动词，我们重读第二个音节。

Now， repeat after me：（' 为单词中的重音落点）

nouns	verbs
an 'accent	to ac'cent
a 'concert	to con'cert
a 'conflict	to conf'lict
a 'contract	to con'tract
a 'default	to de'fault
a 'influence	to inf'luence
a 'present	to pre'sent
a 'recall	to re'call
'research	re'search
'perfect	per'fect

二、规则 No.2

对于大部分双音节的动词，重读最后一个音节；
以前缀 a - 和 be - 开头的单词，重读最后一个音节；
以及以法语后缀结尾的单词也是如此。

双音节动词	以前缀 a/be/de/ex/re 开头	以法语后缀结尾
be**gin**	a**bout**	ca**fé** / gour**met**
de**ny**	be**cause**	re**sume**
	de**sign**	
	ex**tend**	
	re**turn**	

三、规则 No.3

　　重读重点单词，下面这些结构中的重点单词不难发现，此时我们则需要加重读音，表示强调。语调的加重，也是让聆听者能更好地听明白以及跟上你的节奏，明白你说话的重点。

重读重点单词
a **piece** of it
as **good** as you
in **front** of you
how **smart** she is
a **friend** of mine

四、规则 No.4

　　当"名词＋名词"这种复合名词的结构一旦出现，我们则重读第一个名词。

找到第一个名词
baby shower
money market
candle holder
radio star
window cleaner

五、规则 No.5

"名词 + 名词"的第二种搭配结构：第一个名词前有冠词，第二个名词前有介词，则需要重读第一个名词的第一个音节，以及第二个名词。

两个名词如何重读
the bottom of the ocean
a danger of the mission
the center of the city
a taxi on the street
the history of China

六、规则 No.6

当"冠词 + 形容词 + 名词"的结构出现，则重读形容词的第一个音节，和形容词之后的名词。

记住：冠词 a，an，the 都不需要重读噢！

"冠词+形容词+名词"
a friendly girl
a positive attitude
a healthy lifestyle
the final exam
a gloomy city

七、规则 No.7

当然还有一种很简单的找重音方法，就是看到名词则重读，尤其是在这一"冠词+名词+介词+（the）+名词"的结构里。

"冠词+名词+介词+（the）+名词"
the joke of the team
a mark on the wall
a truth of the smile
the end of the world
the time of my time

八、规则 No.8

坚持住，从这些细枝末节中找到真正的重音，对于你的语感塑造至关重要，当"动词-ing+宾语"结构出现，重读动词和名词，ing 千万不要加重语气。

"动词 -ing+ 宾语"
leaving me alone
keeping his focus
going for a walk
putting her in charge
giving her a tip

九、规则 No.9

单词以形容词词尾：-al, -ful, -able，或名词词尾：-er, -or, -ist, -ment 结尾时，重音位置与原单词相同哦！

以形容词／名词的词尾结尾
nature + al = 'natural
help + ful = 'helpful
see + able = 'seeable
train + er = 'trainer
art + ist = 'artist
manage + ment = management

十、规则 No.10

含有形容词词尾 -ic，或者名词词尾 -ion/ -ian 的多音节词，重音在词尾的前一个音节那哦！

以形容词词尾 -ic，或者名词词尾 -ion/ -ian 结尾

artist + ic —> ar'tistic

protect + ion = pro'tection

十一、规则 No.11

含有名词词尾 -ity 的多音节词，重音落在倒数第三个音节上。

名词词尾 -ity 的多音节词

responsible + ity = responsi'bility

配音练习

Take his place in the pride lands.
夺回他在荣耀国的地位

老美最爱的 Anime 动画《狮子王 2：辛巴的荣耀》

— Repeat after me —

　　该作剧情接续《狮子王》。在刀疤死后，他的余党古娜决定向辛巴展开复仇，于是她计划把她的养子高孚培养成刀疤的接班人，准备开始一场权位争夺战，夺取荣耀国王的统治权。

　　Zira（吉娜）:You are ready!（阴险，ready 拖长音）

　　Kovu（高孚）:Nice, very nice!（后一个 nice 拉长音）, you have the same blackness in your soul that Scar had.

　　Zira（吉娜）:What is your destiny?（洗脑前惯用的提高语气!）

Kovu（高孚）:I will avenge Scar. take his place in the pride lands. (冷静，平衡的语调)

Zira（吉娜）:Yes，what have I taught you? (taught 是重音)

Kovu（高孚）:Simba is the enemy！(enemy 是重音)

Zira（吉娜）:And what must you do？（这句中每一个单词都要重读，把握好节奏！）

Kovu（高孚）：I must kill him.（kill 是重音）

辛巴：

Why have you come back？（质问的生气的语调，why 是重音）

小母狮: Simba, I had nothing to do with...(哭腔，哼唧,nothing 重音)

辛巴：

You don't belong here.（威严，注意你的气场）

辛巴：

Silence! When you first came here you asked for judgement. (凶……)
And I pass it now！... exile！！

小母狮：

No.（注意元音结尾的单词可以拉长音）

弱读就是"禁欲系 & 性冷淡风"

通过前一章的重音训练，相信大家已经解（做）放（回）了天（自）性（己），让我隔空感受一下你们滚烫的灵魂！

但今天，你们需要做的是收敛，克制，压抑。因为我们要开始操练弱读音了！

在发音中，如果你说话有明确的声调起伏，则促成了韵律。有了山峰（peak），就会有山谷（valley）。

人生不会总是起起落落落……

哪有这么丧？

所以我觉得重音是释放自己，找回自己的灵魂，变得潇洒自如。

而弱读则是禁欲系，天后王菲的 style：性冷淡风。

用一种不争的、柔和的、声调也不刻意不世俗的极简，衬托出了重音单词的重要。

当然，我们说中文时，声调也不可能永远都维持在一个水平线上，正如我之前所说的，用音阶来形容发音的话，人说话的时候，就好比是在台阶上走路，上上下下，而不是一直踩在一个台阶上不动。

技巧速成

现在我们来看看在英语中，一般可以弱读的单词和规律：

- 大家有没有发现这些弱读的单词都是以冠词（the/ a/ an...）/ 介词（at/ on/ in…）/ 代词（my/ him/ its/ this/ who...）/ 连词（but/ if/ or/ whether/ for...）/ 关系代词 (which/ that...) / 助动词 (am/ do/ have/ would/ be going to) 为主，读到的时候只需轻轻略过即可，几乎不需要用力发音，或者我们可以用美语中的非中央元音将其发出，也就是 /ə/ 这个音标。

- 在一句话中，语调和语速的加强也能使得原本清晰的元音消失或者弱化，当一个元音刚好被重读了，它发元音。当它不被重读时，往往听起来很像 /ə/ 或者 /uh/。

- 像 to，as，at 这些不那么重要的单词，通常不会重读，因而其中的那个元音也基本听不到了。

表格中加粗字体为重读部分，请找到对应的该弱读的音。

am	I'm **speaking**.
be	**Don't** be late.
is	She is **coming**.
was	**That** was a **thought**.
were	They were in **downtown**.
been	She's been **out**.
me	**Gave** me a **gift**.
you	Do you like **jogging**?
your	**What's** your **name**?
us	**Tell** us a **story**.
he	**What** did he do?
her	**What's** her **name**?
him	**Go** with him.
his	his **family**
them	**Bring** them back.
but	You **love** it but I **don't**.
can	What can I **say**?
must	I must **go** now.
to	**What** do you **send** it to?
do	**So** do I.
does	**What** does he **like**?
at	Dinner's at **five**.

it	Give it to me.
for	What did you do it for?
from	He is from China?
than	better than that
that	She said that her mom was coming.
in	It's in a bag.
an	Take an apple.
and	bread and butter
or	more or less
are	What are you doing?
your	Is this your car?
one	Which one is yours?
the	What's the matter?
a	It's a gift.
of	As a matter of fact···
can	I can only do it on Monday.
had	He had done it.
will	That will be enough.
would	Why would I tell her?
shall	What shall we do?
should	We should take a nap.
was	Who was with you?
what	What's up?
some	Give me some water.
sir	Yes, sir.

天宁老师温情提示一个单词 That：只有当它用作指代的时候，不能弱读。

弱读音的三大规律务必要记住噢！

很多日常常用语的发音规律，建议大家可以私下好好练习。

做到任何时候讲出这一句话都是标准的。

就像很多华语歌手英语本身不怎么样，但是唱英文歌的时候发音都很标准一个道理。

只要肯下功夫，就能模仿出成果。

比如生活中常说的:

"what's up?"

"bread and butter"

"more or less"

"at five o'clock"

还记得弱读音该落在哪里吗?

为你读诗《如果你忘了我》by 聂鲁达

― Repeat after me ―

　　读诗是比较容易上手练习的,但是能不能读出那种放松自如又充满情感的感觉,就看你的个人功力了。重音和弱读音的搭配非常重要。

If you forget me I want you to know one thing,

如果你忘了我希望你知道

You know how this is.

这是我的想法

If I look at the crystal moon at the red branch of the slow autumn at my window,

当我凭窗凝望姗姗而来的秋日红枝上的明月

If I touch near the fire, the impalpable ash or the wrinkled body of the log,

当我轻触火堆旁似有似无的尘烬或是褶皱层层的木柴

Everything carries me to you,

我的心儿就会飞向你

As if everything that exists.

似乎一切都有了

Aromas, light, medals,

芬芳，光明和荣誉

Or little boats that sail toward.

就像小舟荡向岛屿

Those isles of your that wait for me,

那里，你等候着我

Well now. If little by little,

然而，假若

You stop loving me,

你对我的爱情淡去

I shall stop loving you,

我的爱火也会

Little by little.

渐渐熄灭

If suddenly you forget me,

如果瞬间你忘了我

Do not look for me,

别来找我

For I shall already have forgotten you.

因为我早已把你忘怀

If you think it long and mad,

我生命中

the wind of banners that passes through my life,

过往的猎猎疾风如果你嫌弃它过于悠长，疯狂

And you decide to leave me at the shore of the heart where I have roots,

而决意离我而去在我爱情所深埋的心之岸

Remember, that on that day, at that hour,

记住，彼时彼刻

I shall lift my arms and my roots will set off to seek another land.

我将举起双臂摇断爱的根脉憩于他方

But, if each day, each hour,

但是，如果每时每刻

You feel that you are destined for me,

如果你也感觉到你是我的真命天子

with implacable sweetness,

能共享奇妙的甜蜜

If each day a flower climbs,

每天绽若鲜花

up to your lips to seek me.

如果你迎向我的红唇

Ah my love, ah my own,

啊，我的爱人，我心里

in me all that fire is repeated,

所有的爱火将再度燃起

In me nothing is extinguished or forgotten.

永不会消失，永不被忘记

My love feeds on your love, beloved,

我情因你爱而生，爱人啊

And as long as you live,

情长今生

it will be in your arms without leaving mine.

不离你我臂弯

不会断句等于自残

通过前几章的讲解和练习，相信你已经掌握了语调的变化，有明显的音高，弱化的低音。

而断句，则是告诉对方，你此刻在说什么，将来想说什么，以及是否已经说完，或者即将开始一个重要话题。注意，语调应该维持在名词上。

你知道英文句子中，逗号和句号的发音区别吗？断句可以让你在说话的时候，不会被自己给憋死。很多学生在做跟读模仿练习时都跟我抱怨，不会断句，说一个大长句时，差点窒息。

由此可见，学会断句是多么的重要，简直是在保命好吗！

记住：不要贪心，刚开始的时候，你的词群是很短的，说话断断续续的，但是当有一天你的词群变长，也意味着你进步了，语感变好了，流利度和语速都提升了！

记得之前一个前辈说：如果你在当着一堆人说话，或者做正式演讲时，偶尔在重要信息说出口前，来个几秒钟的停顿，可以重新吸引上大家的注意力，同时也可以制造一种严肃而认真和真诚的感觉。

技巧速成

首先，我们知道，每一个标点符号的地方要断句，这是给自己一个换气呼吸的时间。

那么如果是一个大长句，该怎么办呢？

i eat the breakfast
with my mom
in the morning

此时，你需要用意群。

那么，到底该如何断句呢？

意群停顿的地方：

词组 / 短语	You need to follow up / my pace.
短句中 / 句中标点符号处	Technically, / you are right.
从句之前	I can talk to your girlfriend / when she is free.
并列连词 (and, or, but) 前面	For most people, the left hand is used to find things / or hold things.

请参考本章中的配音练习素材，"/"为断句的地方。

配音练习

《诺丁山》安娜的餐桌独白

— Repeat after me —

　　这是我高中时期非常喜欢的一部电影。不过这段独白看起来很心酸呐，当个明星不容易，不过独白最困难的不仅是发音，断句，还有对嘴型！来，大家试一试。

I've been ╱ on a diet every day / since I was 19,
我从十九岁起就每天节食，

which basically means / I've been hungry / for a decade.
所以基本上可以说我已经有十年食不果腹。

um⋯/ I've had / a series of / not nice boyfriends, one of whom /
hit me.

我有过很多个渣男友，其中一个还打过我。

Ah, / and every time / I get my heart broken,
每一次我伤心欲绝，

the newspapers / splash it about / as though / it's entertainment.
报纸就会大肆宣扬拿来娱乐大众。

And⋯/ it's taken two / rather painful, um, operations to get me /
looking like this.

还有经过两次相当痛苦的整容手术，让我变成现在这样子。

（really? 真的吗？）
really. 真的。

And one day / not long from now, my looks will go,
在不久的将来我会容颜不再。

they will discover / I can't act,
他们会发现我不会演戏。

and I will become some / sad, middle-aged woman...

而我将成为可悲的中年妇女……

who…/ looks a bit like someone / who was famous / for a while.

看上去有点像某个曾经红极一时的明星。

lesson 6

短元音必须短促果断

在开始之前，我们来回忆一个单词：time，你是否把 time［taɪm］读成了［tɛm］？

或者一个明明该发短元音的单词：ship，你却将其拖长，变味成了 sheep，导致对方听不懂你在说什么，或者 sheet 说成了 shit，beach 说成了 bitch。生活中处处都是这种口误。

所以不要小看短元音和双元音，它们一样能在不经意间让你发音错误！

技巧速成

一、双元音 Warm-up Exercise

My wife likes to write by the bright light at midnight.

（你需要打开你的口腔）

请注意：

上面这句话中，除了 to 和 at 这两个单词，其余的都有长元音 [ai]，千万不要和 [ɛ] 混淆，发 [ai] 时，我们需要打开自己的上下牙槽骨，以及我们的口腔，而 [ɛ] 则不需要，只要将你的嘴微微咧开即可。感受到这个区别了吗？

二、七个短元音和发音技巧

短元音小分队	发音技巧	读一读
[i]	舌尖抵下齿，舌前部抬高，舌头两侧抵住上齿两侧，嘴巴呈扁平状。	big fit a little bit
[ə]	发音的时候舌头铺平，舌中部呈隆起状，双唇扁平即可。这个音不用卷舌，下巴微微往后收一点。	along support about banana

[ɔ]	舌头低平后缩，双唇往前噘，呈现一个圆形。	dog cost boss
[u]	舌后部抬起，舌身后缩一点，舌尖离开下齿。嘴唇呈现一个嘟起来的圆形。听起来就像中文的“屋”，刚发出声就被打断了一样。	book cook wook
[ʌ]	舌尖和舌下部两侧触及下齿，舌后部靠前部分略微地抬起，嘴唇是放松状态，开口部较大，想象一下“啊”没说完就被人掐住脖子的感觉。	brother but mother
[e]	舌尖抵住下齿，舌头的前端抬起，嘴唇不要用力，放松即可。发音时下巴逐渐向下移动，直至上下嘴唇张开的角度为 45 度，此时发声即可。	leg desk get it down
[æ]	双唇向两边平铺，咧开你的嘴，感受到唇部肌肉的紧绷，同时压低舌头和下颚，夸张一点也没事！	bad cat passion

配音练习

《温暖的尸体》男主独白

— Repeat after me —

配音的过程中要注意短元音哦，否则就会很奇怪了。

What am I doing with my life?

我每天都在做什么啊？

I'm so pale, I should get out more, I should eat better.

我脸色太苍白了，应该多出去走走，我应该吃好点。

My posture is terrible, I should stand up straighter.

现在这样子真差劲，应该站直一点。

People would respect me more if I stood up straighter.

我要是昂首挺胸别人会更尊重我。

What's wrong with me? I just want to connect.

我到底怎么了？我只想和人交流而已。

Why can't I connect with people?

但为什么不行呢？

Oh, right. It's because I'm dead.

噢，想起来了。因为我已经死了。

I shouldn't be so hard on myself. I mean, we're all dead.

其实没必要为难自己，毕竟大家都是死人。

This girl is dead, that guy's dead.

这女孩是死人，那家伙是死人。

That guy in the corner is definitely dead.

角落里那哥们肯定也是死人。

Jesus, these guys look awful.

天啊，这群人看起来糟透了。

I wish I could introduce myself, but I don't remember my name anymore.

真希望做个自我介绍，可惜我忘了自己名字。

I mean, I think it started with an "R", but that's all I have left.

我猜它是个"R"开头的词，但也仅此而已了。

I can't remember my name, or my parents, or my job.

我记不起自己的名字或父母，或是生前的工作。

Although my hoodie would suggest I was unemployed.

尽管从这身装扮来看，我生前可能没有工作。

Sometimes I look at the others and try to imagine what they were.

有时我会看着其他同伴，想象他们生前是什么身份。

You were a janitor.

你大概是个清洁工。

You were the rich son of a corporate CEO.

你可能是某集团总裁家的贵公子。

You were a personal trainer.

你也许是个私人健身教练。

And now you're a corpse.

但现在只是具僵尸。

I have a hard time piecing together how this whole apocalypse thing happened.

有段时间，我很想搞清楚这种末日之灾发生的原因。

Could have been chemical warfare or an airborne virus, or a radioactive outbreak monkey.

可能是生化战争，或是空气传染病，抑或是放射性物质大爆发产生的畸形生物。

But it doesn't really matter.

但都不重要了。

This is what we are now.

我们成了僵尸，接受现实吧。

先搞定这三个小音标

本章要重点讲三个音标：/æ/, /ʌ/, /ə/；

虽然做不到像王健林说的那样"今年先定个小目标，一个亿"这么霸气，但是咱们可以脚踏实地地先攻克这三个磨人的小音标！

为什么偏偏是先说这三个？因为这三个音是美音的一大特色之一。就像我之前提到的卷舌音"r"一样。所以想要有一口好听的美音，这些小细节怎么能忽略呢？

技巧速成

一、/æ/ 音

　　它可以说是音标里最夸张、最 drama 的一个音了，但是咱们经常将其读错，好不容易找到其感觉了，又习惯把它的音拉长，反而听起来更加奇特！

　　此音俗称：咧嘴音。顾名思义，要读准，就要把嘴巴咧开。但是这里再教大家另外两个小诀窍，/æ/ 音其实自带鼻音感觉，想要感觉这个音，可以捏住鼻子；把下颚往下拉试试。做好了这三步，这个音自然就形成了！

　　很多学生了解 /æ/ 是从 passion 开始的，我听过很多学生把这个单词读成："拍婶"，或者"啪婶"。

　　尝试读一下这句话，共出现了九个 [æ]：

　　Patric was very sad because his dad had died in the traffic accident.

……如果还在这么读，尽快改过来吧！

　　还有两个迷之读不准的单词：down，town。尤其是这两个单词结合在一起变成 downtown 的时候，大家索性就把它读成了："裆烫"！简直迷一样的鬼畜。那么 down 和 town 中的这个音节："own"，到底应该怎么读呢？你可以尝试一下这个：[æ + oh]，也就是把 own 发成 [æ + oh] 两个音节。嘴型应该是先向后咧开，最后再包回来，嘴巴呈现一个圆形。有没有觉得自己如同一个 drama queen？没关系！

　　我们在私下练习的时候一定要尽力地夸张、夸大，将其读准。如同一条皮筋，被过度拉长之后，再弹回来，肯定不再是之前的长度。所以你私下的练习夸张了，那么等回到现实生活中与老外聊天时的发音，就不会再错，也趋于正常。

大家学会了吗？

Down 的正确发音：就是 [æ]+[oh]

而我们又时常把 [æ] 和 [ɛ] 弄混，其实这两个音就是 /æ/ 需要嘴巴咧得大一些，往后一些，看起来十分夸张，这个音也是发音里最夸张的。

[ɛ] 也需要咧嘴，但是微微往后呈现一个微笑唇的曲线即可。来看看下面这个表格，让我们彻底区分清楚这两个音吧。

[æ]	[ɛ]
bad	bed
dad	dead
mass	mess
sad	said

以上这些单词，是不是我们经常迷惑到底该如何读呢？

二、ʌ 音

1. 这个音应该是出现最频繁的了，而这个音很容易找到感觉，就是你去医院，医生把一个小木片压着你的舌头时，发出来的那个音：不那么用力的"啊"，而是轻描淡写的"啊"，要发不发的"啊"，并且它是短促的。所以想读准，把你的嘴巴轻轻张开，下颚向下拉，发出声音就可以了，同时你会发现一点，嘴唇的肌肉是完全放松状态，舌头是平铺在口腔里的，没有卷曲，整体来说毫无紧绷感，和读 [æ] 完全不同。

2. 教你们的一个野路子发出这个 [ʌ] 音：当你被人踩了一脚刚要大喊一声"啊"！结果又被人掐住了脖子！没有完全喊出来的那个感觉，你们不妨感受一下！（现在是不是很想掐住自己的脖子来一下？）

3. 来看这两个单词：but，pub，你是否发现一个微妙的事，当 /ʌ/ 发出之后，会伴随一个 [ə] 音。千万不要将其读成"霸特（but），怕不（pub）" 如此用力地像说中文字一样地去读，Chinglish 立马露原形了！尝试在"u"后面加上一个 [ə] 音，变成 bʌət，pʌəb。不要将 [ə] 拉得过于长，点到为止即可，如此一来，你的美音就形成了。

三、ə音

1. 首先，不要小看这个音，这个音很像中文里我们常说的"额 uh"；而在美语体系里，我们将其称为"非中央元音"，我喜欢叫它灰色地带音。它真的非常常见，比如：

- photography [fə'tɑgrəfi]
- personality [pɚsə'næləti]
- responsibility [rɪˌspɑ:nsə'bɪləti]
- definitely ['dɛfɪnətli]
- absolutely ['æbsəlutli]
- totally ['totəli]
- actually ['æktʃuəli]
- philosophy [fə'lɑsəfi]
- psychology [saɪ'kɑlədʒi]
- admiration [ædmə'reʃən]

这种稍微长一点的单词，你平时是怎么读的呢？难道每一个音节都要发出音来才是准确的吗？

你发现了吗？这些单词里面总有 1~2 个音节，发成了 [ə]。

2. 非中央元音的产生：依据你的语速，连音掌握的程度，语音语调的强弱起伏，你说英语的放松等级，你就会发现非中央元音。它在美语速成中非常重要，可以帮助你理解和走出误区，比如：听力音频里某个单词的发音为何与音标不同，正是

因为这个单词或某个单词中的某个音节弱读了，则非中央元音
产生了，它能让你的发音更加轻松，说话中有了"哼哼"音。

3. 虽然也可以被重读，但它通常出现在非重读音节中，
当你发现一个元音可以被删除，而且它的空缺不会改变单词的
发音时，你可能就找到了一个非中央元音，所以我刚才提到的
这个单词：philosophy [fə'lɑsəfi] 中，可以将 phi 的"i"和 so 中
的"o"发成非中央元音 [ə]，从而这个单词在美音中，就变成
了这种样子 phələsəphy，也就是弱化了本来该发出来的那个元
音，用 [ə] 代替了。

4. 因为这些单词在口头表达中使用非常多，尤其是我以
上列举的副词，很多老外说话时都喜欢使用，以及插入语 you
know，比如：actually, definitely，如果你不知道非中央元音的
套路，把这些副词一板一眼地读出来，就会暴露 Chinglish 啦。

5. 注意：一些词典使用两种不同的书写体，[ə] 和 [ʌ]，来
表示非中央元音，为了简便好区分，我们只使用第一种写法: [ə]。

> 非中央元音即中性音，但并不是不发音，它实
> 际的音就是［uh］，只是没有那么明显。

掌握了非中央元音可以帮助你区分 can 和 can't！

can 和 can't
can't 听起来像：/kæn（t）/ — I can't do it
can 听起来像 /kən/ — I can do it

stressed 和 unstressed 音（发声非中央元音）

大家注意：that, than, as, at, and, have, had, can 等词，当它们单独发音时，是 /æ/; 但它们在一句话中发音时，音调降得很快，此时它们变成了弱读单词。也就是说，在句子中，有的时候一些单词不会重读，而是弱读，那么就不会发出它原本的音标的音，会有一些小小的改变。

查词典时，读 /æ/（stress）	在句子中，有时发生弱化变成 /ə/
that	thət
than	thən
as	əz
and	ən
have	həv
had	həd
can	cən

强化训练（准备好了吗？）

/æ/ 综合训练

Oh, the gladness of her gladness when she's glad.

But the sadness of her sadness,

and the gladness of her gladness,

Are nothing like her madness when she's mad!

/ʌ/ 综合训练

Ducks clucked under the docks with a ducker in duck ducking into the dark.

/ə/ 综合训练

When the murmur and chirp of the early bird is first heard by the earthworm, it squirms in the earth nervously .

配音练习

《丹麦女孩》

— Repeat after me —

文艺片，男神小雀斑在影片中大玩变性，一会儿男一会儿女。

妻子是一个著名画家，这段配音是他们俩回忆最初认识的时候。

女主：

It was the first time we met, I was leaving the academy.

我们第一次遇见 我正离开美术学院。

男主：

And she was sitting on the steps, flaunting said ankles. And she propositioned me.

她坐在台阶上炫耀她的脚踝，而且是她跟我搭讪的。

女配：

Is that true ?

是真的吗?

女主：

when I said hello to him, he actually blushed. He was so shy, so I asked him out.

当我跟他打招呼的时候，他真的脸红了。他太害羞了，所以是我钓到他的。

女配：

And you said yes.

结果你答应了。

男主：

Well, she made me. She seemed so sure.

是她逼我的。她看起来很有自信。

女主：

I was sure. I still am.

我是很笃定。现在依然如此。

男配：

Please, enough.

拜托，够了。

女配：

No. What was it about him?

不。他给你什么感觉?

女主：

I don't know. But we went for coffee, and after, I kissed him. And it was the strangest thing, it was like kissing myself.

我不知道。但当我们去喝咖啡的时候，之后……我吻了他。最奇怪的是，我就像在亲吻自己一样。

女配：

These two won't be staying much longer.

这两个人维持不了多久。

男主：

Unmarried people are so delightfully easy to shock.

未婚人士太可爱，太容易被吓到了。

lesson **8**

词的连读你不能不会

终于到了这一个非常重要而且内容复杂的章节，先给大家打一针强心针，请坚持看完这一个章节（因为内容很多）。一旦你理解并且掌握了连读的规律，找到连读的感觉，无疑，你的美音会因此提高数个台阶。想要发音产生质变的，这一章不能不看！

搞定它！
踩蹋它！
征服它！

我曾提到：很多在备考托福雅思的学生会抱怨："听力好难，听不懂。"而当他们真的找到听力原文查看时，又会说："原来是这个单词啊"，"啊？这句话这么简单我怎么听不懂啊！"问题的症结就在于：你不懂连读和你不会连读。从而，你说出口的英文，和老外说的，听起来不一样。而你平时说口语时，听到的大多都是自己的发音。于是，悲剧就发生了。

由此可见，掌握这一门连读的技巧，对你的听力和你的美音至关重要！在这里又忍不住要疯狂地敲小黑板了！

在美音中，单词不是逐个发音的，那样不是美音的灵魂，通常一个单词的结尾字母连接下一个单词的首字母音时，不会断句，而是粘连在一起发出，读快了会有"低沉的哼哼声"，这就是连读给我们的感官体验。

说得更简单粗暴一点，就是你学会连读后，会把一个小句子读得像一个长单词。比如：I won an award 这句话读快了，根本听不懂。你们可以感受一下，"I won nan nə ward"，连读给人的第一感受，即粘连性非常强，很多单词多了个音节，或少了个音节，或因为连读，产生了非中央元音。

I won-an-award

针对口语，连读提高了我们的流利度！也就是我们说话的语感，少一些卡壳，多一些自然。拿应试口语来说，流利度、清晰度、完整度、语言运用就是主要的评分体系。流利度代表了你说话的语速，不过快不过慢，有节奏，节奏感一是跟断句有关，二是和连读有关。

在本章节中，我会带你们学会连读技巧，结合练习的材料强化训练，你会有一个巨大的飞跃！加油！

技巧速成

连读五大规律:

- 辅音+元音
- 与 [r] 相关的添音
- 辅音+辅音
- 元音+元音
- t, d, s, z, y 单独规律

Rule 1：辅音 + 元音

当前一个单词以辅音音节结尾，后一个单词以元音开头，当然也包括半元音 w, y, r， 此时单词之间可以连读。（尝试用笔画出可以连读的部分哦！）

my name is	hold on
because i	turn over
get up	take off
not at all	best of all

all of us	six and eight
most of us	each other
write an essay	teach him a lesson
pick up on the American intonation	tell her I miss her
I've got a lot of work to do.	take a look at it
She is out of control.	as far as I know!
I'm working on it.	I'll think it over.

在第一个例子 my name is 中，name 我们看作以辅音 [m] 结尾，因为 e 不发音，所以不算在内，is 又是以元音 [i] 开头，所以连读成：my naymiz.

当你说到 pick up on the American intonation 时，会感觉每一个音都向下滑，读成了："pi:kəpon the (y)əmər'kə ninətənashən"，不要迷醉！好好感受一下这个 [ə] 非中央元音的威力！

在 tell her I miss her 中，her 明明是以 h 开头，为什么可以和 tell 以及 miss 中的 l、s 连读成：teller:i misser: 呢？因为 h 开头的单词，可以适当地略读，也就是为了发音的连贯性，可以忽略 [h] 这个音。

Rule 2: 与 [r] 相关的添音

当 [r] 一出现，很多同学都会问我，此处是否需要连读？那么今天统一再说一次，一定要的。只是这个 [r] 的连读很轻微，很暧昧，没有像我们念 [r] 例如 rumor 时，这么清晰用力。很好理解，我们来看看下面这个表格！

there is	there are
more over	here is
over and over	for ever
brother and sister	their own
clear up	far and wide
There is a car in the yard.	There are poor old men begging in the streets.
Do you want it here or there?	I have a shower every evening.
Will you tell me your age?	I'm sure I'll see him.
Where there is a will, there is a way.	Where there is oppression, there is resistance.
Year in and year out the farmers work in the field.	As a matter of fact, I haven't seen Tim for a long time.

Rule 3: 辅音 + 辅音

当一个单词以辅音结尾，下一个单词以发音部位相似的辅音开头，也会产生连读的可能。注意：这里说到的连读，更像是前面这个辅音吞掉、弱化，只保留后面这个辅音。

例如：stop peter, hold the cake, black coat, bright light。发现了吗？ 前一个单词末尾的辅音被吞掉了，保留了后面单词的开头辅音，所以 stop peter 应该变成 sto: peter，那这个消失的 p，应该如何准确发音？想象一下，当你说完 sto: 的时候，闭一下嘴，流出了一个停顿的顿点给这个消失的 p。

I just didn't get the money，切忌把这句话读成：I justə didn'tə getə the money。

让我们来练习一下：

I just didn't get the money.	had the
I've been late twice.	both days
Let them make decisions.	sit down
I'd like to.	big girl
Ted has a bad cold today.	quite good
I don't believe that Arthur is a bad boy.	locked door

解析：

在第一个例子中 I just didn't get the money, just 的 t，didn't 的 d，发音部位非常相似，所以没有必要重新发一个音，所以我们把它们两个融合在一起，只发一个 d 音，把 t 吞掉就可以了。所以切忌把这句话读成：I justə didn'tə getə the money, 这样读出来就是典型的 Chinglish!

th 音是个特殊的例子，它可以在不同的发音部分游离，我们称之为咬舌音，但是读快了之后，th 这个音不一定每一次都要咬到舌头。反之有时候，它可以通过把舌头伸出放在牙齿之间或者顶住门牙内侧。即：把 s 音前移，th 音后移，在两者的中间位置发出的那个音！（千万不要晕，试着练习一下！）

with lemon	both charges
both times	with juice
with delivery	was that
both sizes	hid those

了解美音的灰色地带发音套路，就像了解这个世界的灰色地带一样，你了解了，学会与之相处适应，就能如鱼得水了。

Rule 4: 元音 + 元音（延音的滑动）

当一个以元音结尾的单词紧挨着一个以元音开头的单词时，它们由两个元音之间的一个滑音连接起来。滑音要么就是滑出轻轻的 [w]，要么就是轻轻的 [y]。到底会滑出哪一个音呢？

Don't think tooooo much, 你双唇的位置自然会告诉你是 [w] 还是 [y]。

记住一件事：[w] 和 [y] 是一个比较暧昧的发音，不要发得太准确，轻轻带过，有一点这种感觉即可。

Warm-up 练习：

go away	go anywhere
i also need the other one.	so honest
through our	i asked
you are	too often

[w] 类练习：

How is it?
blue ink?
I saw it.
Don't do it again.
Let's go upstairs and have dinner.
Go on with your work.

[y] 类练习：

say it
my own
toy airplane
I just wanted to take you in my arms.
Come and see us again soon.
Could you say it again please.

相信聪明的你们已经掌握了这一技巧：

例如单词以 o 结尾，你的嘴巴是不是向前移动的状态，略微像嘟嘟唇一样噘起来，这样就自然产生一个 [w] 音，它可以十分顺畅地连向下一个元音，就像 go away 读起来就是 go(w)away, 而不是 go...away，不要刻意地去断开你潜在的声音流动哦！

另外你会发现，在长音 e 后，你的嘴唇要向后移动，脸颊两侧会贴近你的牙槽骨，从而产生滑音 y 或者连音，我比较喜欢将其称为挤压音。就像：I (y)also need the (y)other one. 说快了就会发音这句话中细微带过的呀呀音，不过！不要刻意把这个音发得过分强烈和夸张，这并不是一个强势的音，轻轻带过，有一点点这种连贯滑动挤压的感觉就对啦！

Rule 5:（t, d, s, z）+ y 的固定套路

当字母(或发音)均为 t, d, s, z 的音,后面紧跟着以字母(或发音)均为 y 的单词时,两个音之间可以连读,并且就像我说的,是一种心照不宣的套路。没想到学个美语,套路也这么多! 这个世界还真的是无处不套路,但是学习上,了解套路,掌握套路,变成套路之王,你就离地道美语不远了。

1.　t+y = ch

小例句	发音听起来是……
What's your name?	wɔcher name
Can't you do it?	kænt chew do (w)it?
actually	æk:chully
Don't you like it?	dont chew lye kit?
Wouldn't you?	wooden chew?
I'll let you know.	I'll let cha know
Can I get you a drink?	k' nai getchewə drink?
We thought you weren't coming	we tha: chew wrnt kəming
Is that your final answer?	is thæchr fin'læn sr

建议同学们可以参考表格右侧的读音，找找感觉。当然也可以听一下天宁老师的音频！

如果你们看过老外发的短信，回忆一下他们是不是常发很简单的不像个单词的英文，比如：whatcha doing? 其实就是 what are you doing? 这其实就是他们把读音拼写出来了，少打了几个字母，省了点力气。

同理，i got you 也会说成 gotcha, 这样的缩写和语法没什么关系，主要和语音连读相关，自然演变成了这样的说法。于是我们在非正式的场合也会这么用，短信留言也会这么写了。

2. d+y = j

小例句	发音听起来是……
Did you see it?	didjə see (y)it
How did you like it?	hæo:jə lye kit
What did your family think?	wərjə fæmlee think
Did you find your keys ?	didjə fine jer keez

3. s+y = sh/zh

小例句 (S+Y = SH)	发音听起来是……
yes, you are	yeshu are
bless you	blesshue

press your hands together	pressure hanz d'gethr
Can you dress yourself?	c'new dreshier self
You can pass your exams this year.	yuk'n pæsher egzæmz thisheer
I'll try to guess your age.	æl trydə geshierage
小例句 (S+Y = ZH)	发音听起来是……
casual	Kæ: zhyə (w)əl
Who's your friend?	hoozhier frɛnd
How's your family?	hæozhier fæmlee
She says you are ok.	she sɛzhierou kay

　　在练习连读的过程中，不要忘记之前我们学到的语调起伏的方法哦，可以边练习连读，边找到每一句话中的那个重读音节或单词。例如：she says you are ok 这句话，重音应该在 ok 的 k 这里释放！所以按照读音拼写就该是：she sɛzhierou kay.

小贴士

在英语中，z 音比 s 音要多很多！

综合练习（接受挑战吧）

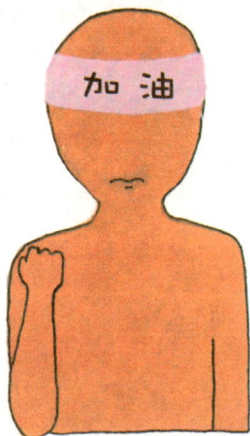

I have got a go.

I have got a book.

Do you want to dance?

Let me in.

Let me go.

I'll let you know.

Did you do it?

Not yet.

I'll meet you later.

What do you think?

What did you do with it?

How did you like it?

When did you get it?

Why did you take it?

Why don't you try it?

What are you waiting for?

What are you doing?

How is it going?

What you may call it?

What is his name?

How about it?

He has got to hurry because he is late.

Could you speed it up, please.

Would you mind if I tried it?

Aren't you Bob Barker?

Can't you see it my way for a change?

Don't you get it?

I should have told you.

Tell her I miss her.

Tell him I miss him.

配音练习

石头姐 Emma Stone 的采访

— Repeat after me —

这段采访里面充斥了连读，大家要注意刚学到的发音规律，要妥善地运用哦！

Oh, I'll tell you, I'll tell you.
噢，我来告诉你，我来告诉你。

"Planes，Trains， and Automobiles"
《落难见真情》。

The relationship between John Candy and Steve Mart,
约翰坎迪跟史蒂夫马丁的关系，

and how much John Candy really needs him in that movie.
还有在戏中约翰坎迪有多么需要他。

Because he's got that wife, that isn't around.

因为他在戏中有一个妻子，她已经不在了。

But you'd think she has the whole movie, ah, it just kills you.

但是在戏中有很重要的地位，啊，真的会令你心痛，

Pretty good love story.

很不错的爱情故事。

My cinematic crush right now?

我现在喜欢的电影明星吗？

My cinematic crush growing up was Leonardo DiCaprio in "Titanic", which I saw seven and a half times in theaters.

我小时候喜欢的电影明星是《泰坦尼克号》里的李昂纳多·迪卡普里奥，我在电影院看了七次加一半。

Seven and a half, I saw the second half once I don't know what happened, to the first half.

七次半，有一次我看了后半部，我不知道前半部发生什么事。

Every scene, every scene!

每一幕，每一幕！

It's "Titanic", Glenn, my god!

那是《泰坦尼克号》哎，天啊，格伦！

And now, my cinematic crush is collectively the cast of "Foxcatcher".
还有现在，我喜欢的明星是《狐狸猎手》的全体演员。

The three of them are just….
那三个真的……

My mind is blown.
令我感到极度激动。

I cried the entire way.
我看时就一直哭到最后。

That Mark Ruffalo, and Channing Tatum just like…
那个马克鲁法洛，还有查宁塔图姆就真的……

knife me right in the gut and ran.
就好像来捅我一刀然后跑走一样。

I don't even know how to reach out to him.
我根本不知道怎么联络到他。

What do I do?
我应该怎么办呢？

Thanks a lot Channing Tatum, you slayed me.
谢谢啦，查宁塔图姆，你把我完全攻陷了。

戳戳你的 [v] 音痛点

首先，大部分人都不觉得自己这个 [v] 音读错了！

当你纠正他们的"beautiful view"读成了"beautiful wiew"的时候，他们会这么怼你："我错了吗？我没错啊！咱俩说的一样啊！"之类的云云。或者，认识了一个叫 Vicky，Vivian 的朋友，结果你把人家姑娘叫成了"Wicky"，"Wiwian"，人家心里可怎么想？

基于对我们国人说英语情况的了解，我会把大家发音中常错的，或者难以准确发音的，甚至是感觉不到自己发错的音，提前讲解透彻。

所以，这是为什么要把 [v] 的发音规律放在这么靠前的原因了。

正如标题写的那样，[v] 是一个迷之学不会的音。更糟糕的情况是可能你还把 [v] 和 [w]、[f] 的发音混淆，迷之尴尬！

技巧速成

一、[v] 音

　　它不会特别突兀。虽然能马上反应出来那是 [v]，但是这个音是一个比较轻柔、和缓的音，伴随着低沉的震动，绝对不是先声夺人的那种，但是你不可能忽略它，尤其是气流通过你的嘴唇时，因为摩擦的加强而产生了嘴唇和牙齿之间的震动，就算声音很小，还是能被察觉，当然首先被你自己察觉！如果你在读 [v] 时，嘴唇没有震动感，说明你读错了！

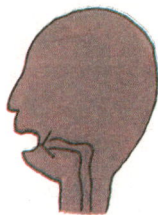

二、[w] 音

　　[w] 是个半元音，发音时没有口腔的摩擦和接触。这是它和 [v] 最显著的区别了，当发 [w] 时，你的双唇只是发生了微微一点挤压，但是气流仍然可以顺利地通过。这期间没有摩擦和震动产生。

三、[f] 音

[f] 是个清辅音，[v] 是浊辅音。你可以尝试读一下：fairy/
very，能感受到明显的不同吧？ [v] 比较浑浊，[f] 比较轻盈。

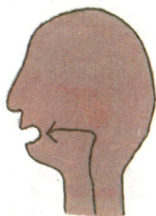

最后提示大家：

在美语中，of 基本都弱读 [əv]。

如果你想问为什么这么读，道理很简单，of 是该弱读的音，
所以我们用非中央元音去操作了。

单词练习，区分 [v，w，f]

[f]	[v]	[w]
fairy	very	wary
fat	vat	wax
fall	vault	wall
fig	vim	wig
fur	verb	were
fey	vein	way

综合练习（区分 [v，w，f]，先把它们挑出来哦）

When revising his visitor's version of a plan for a very well-paved avenue, the VIP was advised to reveal none of his motives. Eventually, however, the hapless visitor discovered his knavish views and confided that it was vital to review the plans together to avoid a conflict.

试试下面这个，能否独立完成？

Vern VanBevy vowed to buy his beauty Vivicka a Victorian home on Value Avenue.Fred fed Ted bread, and Ted fed Fred bread. Swan swam over the sea, swim, swan swim! Swan swam back again well swum, swan!

[w] 强化练习

Where were we in World War One?

On one wonderful Wednesday,

We were wandering in Westwood with a wonderful

woman from Wisconsin,

Whose name was Wanda Wilkerson.

I wish to wish the wish you wish to wish, but if

you wish the wish the witch wishes,

I won't wish the wish you wish to wish.

独立练习

[v] 强化练习

Valuable valley villas.

Von's Velvet gloves vanished.

Vincent loves Vivian's vibrant and wavy hair.

Vera has vegetables, a vase, a vacuum, and a van.

[f] 强化练习

Flies fly but a fly flies.

Fred fed Ted bread, and Ted fed Fred bread.

Flee from fog to fight flu fast.

Frank's peers who fear fidgets.

配音练习

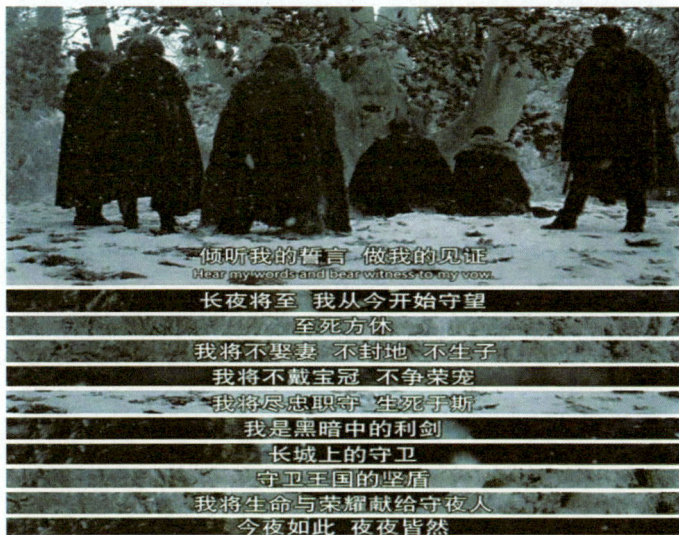

《权力的游戏》守夜人誓词

— Repeat after me —

目前全球最火的《权力的游戏》中守夜人誓词，大家找到其中 [v、f、w] 的发音了吗？不要再读错它们了哦!

Night gathers, and now my watch begins. It shall not end until my death. I shall take no wife, hold no lands, father no children. I shall wear no crowns and win no glory. I shall live and die at my post. I am the sword in the darkness. I am the watcher on the walls. I am the fire that burns against the cold, the light that wakes the sleepers, the shield that guards the realms of men. I pledge my life and honor to the Night's Watch, for this night, and all the nights to come.

长夜将至，我从今开始守望，至死方休。我将不娶妻，不封地，不生子。我将不戴宝冠，不争荣宠。我将尽忠职守，生死于斯。我是黑暗中的利剑，长城上的守卫，抵御寒冷的烈焰，破晓时分的光线，唤醒眠者的号角，守护王国的坚盾。我将生命与荣耀献给守夜人，今夜如此，夜夜皆然。

lesson 10

最能代表美语的 [r] 音

不要小瞧 [r] 音：

美国是一个移民国家，所以不同地域发音也略有不同，不过加州（西海岸）口音是最能代表美音的，纽约的口音比较夸张，嘴巴张得更大，像是嘴里含着东西似的。大家去美国旅行，可以好好感受一下。

美语一直在变化，但时至今日，不管美语如何改良，核心 philosophy 没有变：最简单的就是最好的，less is more 的原则。所以你看美剧时总觉得这帮人说话总是拽拽的，不羁的，说话就像连嘴都不怎么动，或者俚语中一个单词就能代表很多意思；转而去看英剧，完全不同的风格！

那么今天要给大家推荐一个非常有美语特色的音——卷舌音 [r]，它绝对可以代表美语的灵魂。我在本书最开头就提到：美音和英音最大的区别，就是美音把卷舌音 [r] 发得饱满，英音把 [r] 用 [h] 替代。

　　而中国人的卷舌音和英文的卷舌音不一样，中文更贴近于儿化音："事儿，活儿"，所以，硬要说的话，中文的卷舌音像"日"舌头平铺在口腔内，英文的卷舌音更像"若"，向内卷曲。

　　而且英文的 r 发音，舌头位于口腔中间，气流在上颚和齿背与舌头间没有摩擦；中文的 r 发音舌位较高，气流在舌面和上颚之间摩擦。所以老外或者 ABC 说中文的"r"音，都听起来比较夸张，比如"人"，会读成"ruen"……

　　同时卷舌音也不是所有的都要卷到极致，也是分成了轻卷和重卷，例如：concert, concern，大家猜猜孰轻孰重？

　　如果你想练好美音，当然不能错过卷舌音。如此操练舌头的灵活度，你离成功又迈近了一大步。

技巧速成

卷舌音 [r]，和 l [el] 音｜咧嘴音 [æ] 以及之后我们会讲到的咬舌音 [th] 并称为最难发音小分队！

天宁老师温馨提示：

对于马上要考托福雅思的学生，我都会建议他们考试当天早上刷一套口语模考，若没有时间也可以拿出一段英文美文大声快速朗读，目的就是激活你的舌头，做一些 warm-up 热身训练！美语里面有大量的卷舌音，舌头僵硬的话，又怎能发准？

一、发音部位：

你无法看到一个人通过嘴形的变化发出 [r] 音，不像 [b]，[p]，[k]，发音时都能看到嘴唇闭合，爆发出气流；而 [r] 音呢，发生在口腔向后至喉部的地方。

二、卷舌音发音技巧：

1. 摊开你的手！放平的时候，就等同于我们放松的舌头！就像你发出 /ah/ 是一样的感觉。

2. 再卷起你的五根手指，攥成一个小拳头！舌头跟着你的手指一起动，舌头两侧微微抬起，让气流通过舌头中间区域，发出 /er/。

3. 舌尖不要触及上颚或其他任何部位！再次将你的舌头卷向喉咙处，并且将音拉低至喉部！别太用力！

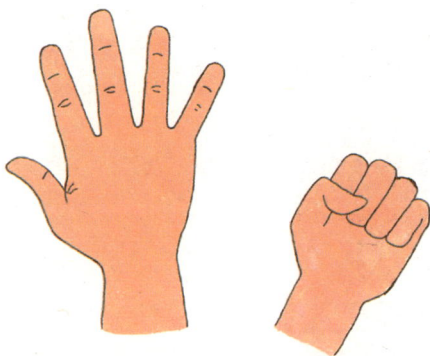

小提示

有没有发现卷舌音 [r] 如果不是首字母，大部分都是前面跟着一个元音字母 [a]，[e]，[i]，[o]，[u] 的。

所以在练习卷舌音时，不要忽略了它前面的元音呐！

三、[r] 音的综合练习

先来看看这一组小表格，让我们来做一个热身训练：

单词	音标	发音
hard	a+ər	ha:ərd
here	e+ər	he:ər
share	ɛ+ər	shɛ:ər
more	o+ər	mo:ər
were	ər+rɛ	wər:ər

在读每一个单词时，有没有发现最后那个音是明确向下降的？注意一定要平滑地向下拉低这个音，不要在中间出断层！

舌头还好吗？接下来，要放大招啦！

[ər]	[ɑr]	[ɛr]	[or]	[eer]	[aʊə-]
earn	art	air	or	ear	our
hurt	heart	hair	horse	here	how're
pert	part	pair	pour	peer	power
first	far	fair	four	fear	flower
rather	cathartic	there	thor	theory	hour
sure	sharp	share	shore	shear	shower
church	char	chair	chore	cheer	chowder
girl	guard	scared	gored	geared	gower

dirt	dark	dare	door	dear	dour
burn	barn	bear	born	beer	bower

记住一件事：元音＋卷舌音读起来不要故意拖很长，不然你会像个 drama queen 一样。一旦能良好地发出音后，便开始有意地缩短一下时间。

中国学生易错的单词：

① air，hair 这些单词中虽然有 ai 这个音节，但并不是发双元音 [ai]，而是 [ɛ]。之前与一个刚从欧洲回来的朋友聊天，问他在欧洲住在哪里，看起来很好。他回答说：airbnb，相信大家都知道这个网站，但是当时他将 air [ɛə] 读成了 [aiə]，十分尴尬；

② 这还不算什么，最惨的是，我们总是在该张大嘴的时候不张，该收敛嘴形的时候张大嘴，比如：required 这个单词，明明是 [aiə]，却有很多同学读成了 [ɛə]；

③ 除此以外还有 where 和 were，发音不是一样的！where 是 [whɛr:]，were 是 [wər:ər]，前者嘴巴需要打开向后咧嘴发出 [ɛ] 后，再向喉咙处内卷起舌头。后者嘴巴不需要向后咧，直接舌头卷起来一步到位即可；

④ word 和 were 两个的发音都是 [ər]，word 是 [wər:ərd]，were 是 [wər:ər]，区别到底在哪里？在于舌头最后放在哪里，word 最后那个 [ər] 发出后，舌头要放在发出 d 音的位置，并且保持在那里，让所有气流都留在口腔中，打开你的喉咙，完整

饱满地发出这个音即可。但是 were 最后舌头还是没有和口腔任何部分触碰，所以听起来比较干瘪，没有那么饱满充实。

再来看看下面这个表格的单词，不是元音＋卷舌音的搭配了，而是 [r] 音：

dictionary	parent
stationary	guarantee
seriously	apparent
necessary	appearance
library	paragraph
imaginary	character

配音练习

《破产姐妹》

— Repeat after me —

注意这段对白中的 [r] 音哦。

Caroline: Max, I had the most amazing night!
麦克斯，我昨晚玩得超开心！

Max： Me too, Becky just left. She has to get up early tomorrow. Not to brag , but she's playing a dead hooker on "Blue Bloods" .
我也是，贝姬刚走。她明天得早起。不是要炫耀，但她要在电视剧《警察世家》中演死掉的妓女。

Caroline：Oh, so she came here for research? Anyway, my new friends Rachel and Kathy and everybody there were so warm and positive.

所以她来这里做调查学习的吗？不过，我的新朋友瑞秋和凯西以及派对上的所有人都好温暖和正能量哦。

Max: Uh-huh.

嗯哼。

Caroline: It was so refreshing to be around people who were super driven and focused.

跟一群发奋图强并努力向前的人相处好让人精神振作啊。

Max: Uh-huh.

嗯哼。

Caroline：And we had such interesting conversations. Honestly, after talking to them, I feel like anything is possible.

而且昨晚我们的聊天特别有意思。老实说，跟她们聊完天后，我觉得没有什么事是做不到的。

Max: Oh, you guys did molly? Now I'm jealous.

噢，你们嗑药啦？现在我嫉妒了。

被忽略的小可怜 l[el] 音

这个音大家都不会陌生的。

"l" 一般会出现在三个地方：

1. 在单词的开头和中部（往往发音没有问题）— last long

2. 位于单词的末尾（人们往往发音过短，甚至消失）— pull, fill

3. 很多和 l 相关的单词非常常见，例如：self, else, world, 一点都不陌生，对不对？

这就会导致外国人听不懂你在说什么，然后你也很懵啊！

或者不是忽略这个 [el] 音，而是把它和卷舌音 [r] 混淆！

比如你在国外的餐厅吃完饭跟服务员要账单买单，结果把 bill 说成了 beer，服务员直接拿了瓶啤酒给你，你会不会很无奈？

来，今天我们把这个问题彻底解决掉。

技巧速成

一、l[el] 音为什么是 "小可怜"？

因为总是被我们忽略啊！

就像你们去唱 KTV，隔天聊起某人，你满脸疑惑地问："谁？那谁在？我怎么不知道！"

不得不承认，有的人就是容易被人忽略，但是本着学术严谨的精神，在语言学习上，我们不能忽视任何细节。

关于 [el] 音，我想说当它出现在单词词尾时，总是有人把握不准它的音准，甚至直接忽略。今天我们要说说 [el] 音的发音的复杂性！不要小瞧它哟！

之前的内容我说到了启蒙音 [æ/ʌ/ə]，还有卷舌音 [r] 音，以及尴尬的 [v] 音。而今天我们要说的是总是被忽略的 l[el] 音，因为它同样也很重要，尤其这个音是英语和其他国家语言的最大区别之一。

二、/l/ 到底用什么姿势发音才对?

“l” 不是一个简单的辅音：而是由一个元音和一个辅音组成的合成音。也就是说，l 是由 [e] 和 [l] 组成。

发音时舌尖必须触及齿背，舌头后部必须接着下压并且后移来完成，直白一点就是：l 读完后的嘴形应该是噘嘴、嘟嘴的样子。而卷舌音发完之后，嘴形呈现微笑、笑不露齿的样子！

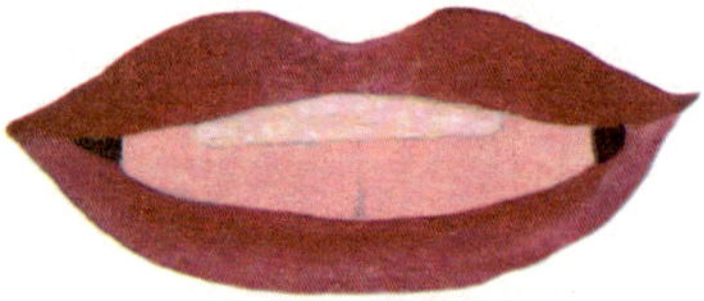

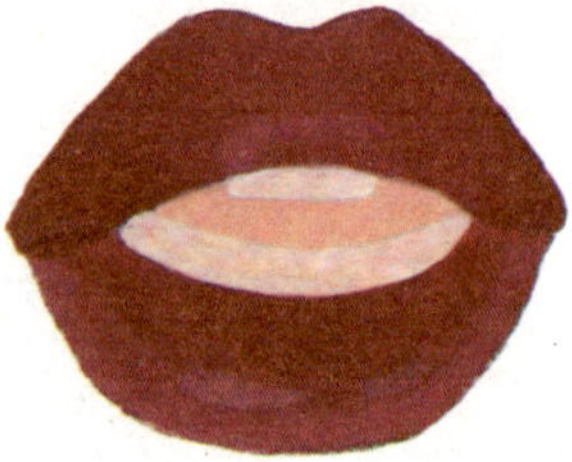

而且很多以 l 结尾的单词，往往可以和后面的单词连读。比如说：call on, full of 等。

l 的发音部位

发 [el] 音时舌尖牢牢地抵住牙齿后面的上颚，而舌头向下轻压，不要太夸张，保持紧绷状态，此时会有气流从舌头两侧出去。

印象中，因为中国地域辽阔，方言体系众多，比如来自湖北、湖南的人，会有点 n、l 不分，比如中文的"你们"，说成了"里们"；或者 s、sh 不分，比如我母亲经常将"四十四"说成"市 si 市"。而这些说方言时的发音习惯当然会带入英语发音中。所以接下来，我们要好好区分训练一下。

l 音在单词的不同位置，如何发音。

1. 位于单词词首	low
2. 位于单词词中	killer
3. 位于单词词尾	hall

fill [fih:əllll]	full [fu:əllll]	fail [fay:(y)əllll]	furl [frə:əllll]
feel [fee:(y)əl]	fool [foo:(w)əllll]	fell [feh:əllll]	fuel [fyoo:(w)əllll]

这几个单词分分钟就能虐死我们，大家来看看到底如何区分发音？

注意看 [ ] 中括号 "（ ）" 里面的 y、w 音哦。别忘记了我们之前讲过的连读规则哈！

四、让我们区分一下卷舌音和 [el] 音

hard	hall
here	hell
share	shall
more	mild
were	well
fire	file

配音练习

《华尔街之狼》小李子经典疯狂的演讲片段

— Repeat after me —

很多人表示非常喜欢这一段，但是开始之前别忘记挑出所有的 [l] 和 [r] 音哦！

Let me tell you something, there is no nobility in poverty.
让我来告诉你们一件事，没钱就装不了贵公子。

I have been a rich man, and I have been a poor man.
我可能成为一个有钱人，也可能成为一个穷人。

And I choose rich every time.

我每次都选择当有钱人。

Because at least as a rich man, when I have to face my problems,

因为作为一个有钱人，当我要面对什么问题时，

I show up in the back of a limo, wearing a $2000 suit, and a $4000 gold watch.

我起码可以坐在加长豪车后座出场，穿着一身两千美金的西装，带着四万美金一块的金表。

And if anyone here thinks I'm superficial or materialistic, go get a job at McDonald's, cause that's where you belong.

如果有人觉得我肤浅或者物质，那你去麦当劳找份工作吧，因为那里才是你该去的地方。

But before you depart this room full of winner, I want you to take a good look at the person next to you, go on!

但在你离开这间满是胜利者的房间之前，我希望你能好好看看你身边的人，看吧！

Because sometime in the not-so-distant future, you're gonna be pulling up to a red light in your beat-up old Ford pinto, and that person's gonna be pulling up right alongside you in their brand new Porsche,

因为在不远的将来，你会开着一辆破烂的福特斑马在红灯前停下，而那个人会开着一辆崭新的保时捷停在你旁边，

with their beautiful wife by their side who's got big voluptuous tits, and who're you gonna be sitting next to?

身旁还坐着她们漂亮的大胸的老婆，而你身边会坐着谁呢？

Some disgusting wildebeest with three days of razor-stubble, in a sleeveless muumuu, crammed in next to you,

某只恶心的牛羚，满嘴唇毛，穿着一件无袖长袍，挤在你身边，

in a carload full of groceries from the price club, that's who you're gonna be sitting next to!

带着一满车从折扣批发超市买的杂货，那就是将来坐在你身边的人！

So you listen to me, and you listen well!

所以你们听我说，并且听仔细了！

Are you behind on your credit card bill?

你是不是还有信用卡账单没付清？

Good! Pick up the phone and start dialing!

很好，拿起你们的电话然后开始拨号吧！

Is your landlord ready to evict you?

你房东是不是准备赶你出门了？

Good! Pick up the phone and start dialing!

很好，拿起你们的电话然后开始拨号吧！

Does your girlfriend think you're a worthless loser?

你女朋友是不是觉得你一文不值？

Good! Pick up the phone and start dialing!

很好，拿起你们的电话然后开始拨号吧！

I want you to deal with your problems by becoming rich!

我希望你们能够赚够钱去解决这些问题！

All you have to do today is pick that phone, and speak the words that I have taught you.

你们今天唯一需要做的就是拿起那台电话，然后说出我教你们说的话。

And I will make you richer than the most powerful CEO in the United States of America!

然后我就能让你们变得比美利坚合众国大部分有权有势的CEO 都富有。

I want you to go out there, and I want you to ram Steve Madden stock down your clients' throats, until they choke on it.

我希望你们上场，然后把史蒂夫麦登的股票塞进你客户的喉咙，直到他们噎住为止。

Till they choke on it and they buy 100,000 shares.

直到他们噎死而且卖了十万股为止。

You be ferocious !

你们要够凶残!

You be relentless !

你们要够无情!

You be telephone terrorists!

你们要当电话恐怖分子!

攻气十足的 [t] 音

终于到了篇幅最长的一个章节，一个传授发音技巧极多的 chapter，想要摆脱中式英语，找到美语感觉，一定要练好 t 的发音！因为，一个以 t 结尾的单词，例如 put, but，当 t 发音加重拖长，是不是就是 Chinglish 的主要特色之一？听起来就像 [bʌtəəə]。尤其是当我们在思考接下来要说什么，或者卡壳的时候，就会不自觉地拖长某单词的尾音。所以 but 说成了"八特"，而它实际应该读成"八额（吞 t）"，也就是 bu（t）。

我们中文说到"但是"总会停顿一下，英文同样也是这样，但是他们不会拉长这个尾音，而是变成了"but...um..." = [bʌtum]，此处发生了连读，也算是拖长了音。

如果你总是迷醉于加重拖长单词的尾音，这一章可以帮助到你。

[t] 是一个非常迷幻的音，在单词的不同位置，它会发成

不同的音。美音中的 t 深受语调和它在单词或者短语中的位置的影响。接下来，系统地讲解一下 [t] 的六大发音规律。

技巧速成

首先，我们先来预热一下：

在音阶阶梯顶部时，也就是 t 是某一单词的重音落点，像在 'teacher 和 Ti'tanic 中，那么 t 的发音发 [t]，记住：让你的舌头碰触到上颚后松开，明确的气流就会通过啦。

在音节阶梯中部时，例如 Betty、totally，t 不是重音落点，又位于单词中部，那么 t 的发音就变成了一个柔软模糊的轻轻的 [d] 音，我们称之为 soft [d]，这两单词的发音则变成了：[Be(dd)y] 和 [to(d)əlly]，发现了吧，[t] 都发成了 [d]，气流通过的时候没有那么强势了哦，变得不明确和含糊起来，让舌头碰触在牙槽骨的位置，不要把舌头伸得太靠前，可以稍微往后向喉咙处回缩一点。

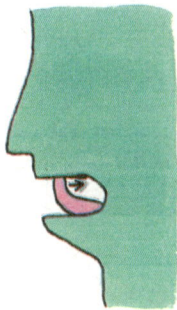

然而在音阶阶梯底部时，t 则不发音，这和我们的汉语发音规则有很大的区别，中文里面可不会把一个成语的最后一个字弱化吞掉，大家可以尝试一下 "迫不及 d"？"虎头蛇 w"？"滥竽充 sh"？我们当然不会这么说。但是，英文里面就是这样的。

Warm-up Exercise: Words

t 发 [t]	t 发 soft [d]
teacher	Betty
Titanic	totally

Warm-up Exercise: Sentences

例句	实际发音
But, said he	bu(t), said he
butter's bitter	budder'z bidder
Betty bought a bit of butter	Beddy boude bihda budder

[t] 的六大发音规律（Six rules）

好啦，热身已经结束，现在开始给干货！以下的六大规律请查收！

① 在单词的开头或重读音节中，t 发 [t]。

② 在单词中部，t 发 soft [d]。

③ 在单词的末尾，[t] 音被抑制，不发，但为 [t] 音留出空间，不能当它不存在。

④ 在以 — tain 和 — ten 结尾的单词中，[t] 音在 [n] 音前被抑制，有"嗯嗯嗯"的感觉。

⑤ 在带有松元音 (用喉部肌肉，发音轻微变化 [i, u, ə, ər, ɛ, ʌ, e] 的 [n] 音后，t 不发音。

⑥ 在声门音 [w, r, k, g, y] 前，t 被抑制。

Rule 1: 在单词的开头或重读音节中

在单词的开头或者重读音节中，t 发 [t]，例句： T̲im t̲ake twelve toy robots.

当 t 或者 st，tr，ct，lt，nt 中的 t 被重读或位于单词末段时，t 发 [t] 音，例如 test、trust、contract、belt、content，例句：Fasten your seat belt.

在过去时中，若位于轻辅音 [p, k, f, s, ch, sh, th] 后的 ed 发 [t] 音，同理若位于浊辅音后面，还是发 [d] 音。例如（轻辅音），watched = [wacht]、raced = [reɪst]、hoped = [hopt]；例如（浊辅音），judged = [jʌ'jd]。

第三个规律很多同学都不知道，并且很多人会在读过去时 ed 时，纠结到底要怎么处理这个发音，不过在这里提醒大家这个规律并不能概括所有的单词，因为总有一些例外，如 naked = [nakəd]，所以这个规律并不能以偏概全，但是绝大部分的过去时单词都是按照这个规律读。

Exercise 1

It took Tina twelve times to take the TOEFL test.

Control your tones.

My TOEFL speaking teacher tells me the truth of scoring rubrics.

Rule 2: 在单词中部

若 t 位于单词的中部，则 t 读成了 soft [d]。

这个 soft [d] 音和中文的"的"不一样！由舌头决定，但是舌头靠近口腔后部接近于喉部，是一个非常暧昧的音。

还有一种情况：在某一句式中，前一个单词以 t 结尾，紧跟其后的单词以元音开头，则前一个单词的 t 也发成 soft [d]，因为发生了连读，所以 t 也会有变化，例如：put it in, grab it out。注意哦，我们要记住前几章的内容，并且带着前几章的记忆和发音技巧，去学习接下来的发音技巧。

Exercise 2

例句
What a good idea [wətəgudai deeyə]
put it in a bottle [pudidinə bʌddl]
write it on a paper
toss it on the box
input all the data(w)in the computer
insert a quarter in the meter
force her put a shirt on
Betty's at a meeting
It's getting hotter

Rule 3: 在音节末尾

当 t 位于单词的末段，或单词的尾部，那么这个 t 需要被抑制，吞掉它，但是并不是当其不存在哦。

在这里一定要提醒大家，虽说 t 可以不发音，但我们需要"假模假式"地把嘴形做成马上要发出 t 的那个样子：舌头碰到上颚后，但是不释放，不放开，最终没有气流从你的口腔中

通过！但是你的停顿等同于给了这个被抑制的 [t] 音留出了一个空格键一样的空间。

多啰唆几句：当我们说到 Tina，会感觉到一股气流从你的舌尖通过，被释放的感觉，上下嘴唇能感受到被气流扫过的感觉；但是当你说 totally，你的舌头碰触了上颚，但是却并不放松，舌尖是紧绷状态，微微上扬的；然而当你说 hot、put、sit、wait、prevent，你的嘴形已经做到了发出 [t] 的那个样子，但是最终气流没有通过。

Exercise 3

He was in a hot spot.

Why didn't you tell on me?

We went there to get what she needed.

Betty was right?

What? Shut the f**k up!

won't/ want

hot, late, fat, goat, hit, put, not, hurt, what, set, wait, sit, dirt, note, fit, lot, light, suit, point, tight

Rule 4: Held "t" before "n"，单词中 n 前面若有了 t，t 有了被抑制的感觉!

　　注意：在这一规律中，n 和 t 并非紧挨着的，我们说的情况是像 written 这个单词中 n 和 t 之间隔了好几个字母，这种情况一旦出现，t 就像被捆绑住了一样，不能自如地动弹了，这种感觉就是被抑制。

　　这种所谓的被抑制和被弱化的感觉，轻松地带过即可，t 被抑制也就没有了明确的气流通过，紧接着会发出一种低沉的"嗯嗯音"。就像 written 读成 [rit:nnnnn]。

　　我知道这种感觉很难把握，大家记住一点：这种情况发生时，t 只要不要读得和本来的 [t] 一样就好，正确的发音是：sofe [d] 或者吞掉不发 [t]，后面跟着一个厚重的"嗯"音。

Exercise 4　词的练习

written	kitten
sentence	forgotten
button	Martin
certain	latent
curtain	fountain

Exercise 4   例句练习

Tina is certain that Betty has written it.

The curtain is not in the fountain.

Whitney has a patent on those academic journals.

Rule 5: 消失的 [t]

某个单词中，n 紧挨着出现在 t 的前面，**此时这个 t，我们直接不读，当其不存在。**然后按照正常的发音规律去读。

例如 international 这个单词我们在 BBC 或 CNN 节目里常听到主持人说的像 [innənational]，感觉 inter 中的 [t] 音听不到，抑或很不明确，很模糊地带过去了。现在你知道了，你的耳朵没有听错，人家确实是没发音的，而且这是一个发音规律！长知识的感觉是不是很爽？！

Exercise 5   词的练习

interview	interfere
interface	interactive
internet	international
frequently	advantage
interrupt	percentage
twenty	printer

Exercise 5　例句练习

I had a great interview.

Try to enter the information on the website.

She is an international student.

I don't understand that perspectives.

She invented it in Santa Monica.

He can't even do it.

rule 6: 在声门音之前，[t] 也被吞掉 (清喉辅音)

大家千万不要被所谓的声门音吓到，因为我们在学习音标时其实已经接触过，但在之后漫长的学习生涯中很少再听到这个学术的专有名词，那么声门音究竟是什么呢？其实就是 [w、r、k、g、y] 这几个音啦。

举一个我们都不陌生的例子：stop Peter，我们只会发一个 [p] 音，并不会将 stop 的 p，Peter 的 p 分成两次前后读出来，为什么我们会这样？因为这样读更舒服啊！所以你看这个规律本身不难理解，甚至我们早就不自觉地这么读了。同理，如果 t 在声门音之前，那么 t 也是被吞掉了。

Exercise 6 短语练习

put cat on	it can
white car	it runs
quit claim	not yet
what was	heat wave
not really	what could
not good	what would

额外 Bonus：[t] 的最常见连读（必会必练必须走心）

针对以下这个练习表格，我建议大家每天早晚各读一遍！

同时必须是：大声朗读！并且是连贯地，不间断地，一气呵成，变成一种惯性，根本停不下来最好。

Exercise 常规搭配练习

what/ but/ that	A
what/ but/ that	I
what/ but/ that	I'm

what/ but/ that	I've
what/ but/ that	If
what/ but/ that	It
what/ but/ that	It's
what/ but/ that	Is
what/ but/ that	Isn't
what/ but/ that	Are
what/ but/ that	Aren't
what/ but/ that	He
what/ but/ that	He's
what/ but/ that	Her
what/ but/ that	You
what/ but/ that	You'll
what/ but/ that	You've
what/ but/ that	You're

Exercise 本章节 t 的发音规律——综合考核

舌头真的很重要哦!

配音练习

Michelle Phan 的复出视频

— Repeat after me —

　　非常真挚的一段独白，首先注意你的语调不要起伏太大，不要太用力，先学着放松，再开始挑出来所有的 "t" 音，做出一些标记。

The road to success is not only paved with failures.
在成功的道路上不只是充满失败。

But you also become a target.
你还会成为别人的目标。

I had to battle through several lawsuits from people who wanted a piece of it.

我要跟想分一杯羹的人打官司。

This nightmare took a toll on me.

这场噩梦对我产生消极的影响。

It nearly broke me down.

差不多让我崩溃。

But I wasn't ready to give up.

但我还没有准备放弃。

So I kept myself busy.

所以我要保持忙碌。

Taking on more projects and more work.

去做更多的项目还有更多的工作。

Become more successful.

变得更成功。

And one day, you'll be happy again.

然后有一天你会再次感到开心。

Staying busy was my only way I was able to cope with all the stress and anxiety.

保持忙碌是我减轻压力和焦虑的方法。

It helped to numb the pain.

那样可以麻痹痛苦。

Years would go by,

一年年地过去。

And I found myself becoming more isolated and disconnected.

我发现自己变得越来越独立。

From my family, friends and you, my viewers.

跟我家人、朋友还有你们，我的观众都失去了联络。

I'm sorry, 对不起，

I didn't know what to do, or who to talk to.

我不知道怎么做，该跟谁倾诉。

I felt so alone.

我感到很孤单。

And I had too much pride to let you see me at my weakest.

而我的自尊心阻止你看到我最脆弱的一面。

I felt so depressed and I didn't know why.

我感到很抑郁而我都不知道为什么。

I wanted to be forgotten.

我想被忘记。

So I began posting less online.

所以我开始减少发东西到网上。

During one of my sleepless night,

在我其中一个无眠之夜，

I found myself watching one of my earlier videos.

我在看我的一个早期视频。

I forgotten how genuine and full of life I once was.

我已经忘了我曾经是多么真诚和充满活力。

It was such an innocent time.

那是多么纯真的时期。

Before the money，before the fame.

在获取金钱，获得名气之前。

I felt like somewhere along this journey.

我感觉在这段路程的其中一段。

I lost myself.

我迷失了自己。

Was it because of money?

是不是因为金钱呢？

I've spent my whole life chasing after success.

我花了我整个人生去追求成功。

Only to find myself running away from the very thing that mattered.

最后却发现自己一直逃离和忽略了一样最重要的东西。

Myself.

我自己。

My true self.

我真实的自己。

In the end, I wasn't fooling her.

到最后我并没有骗她。

Because deep down, I wasn't happy.

因为内心深处，我并不快乐。

紧松元音是什么鬼东西？

还记得我们最早说过的三个重要的小音标吗？ [æ, ʌ, ə]；如果忘记的话，可以复习一下。

这一章，我们将从这三个小音标里，找到另外一个切入点，系统地跟大家区分一下：紧元音和松元音。

很多学英语的朋友可能不太了解这个学术名词，那么我们说得直白些，发紧元音时，你的双唇要移动，而发松元音时，你的双唇无须移动，顾名思义，一个紧绷，一个松弛。

那么，极有代表性的音——紧元音 [ei]，松元音 [ɛ]，以及紧元音 [i:] 和松元音 [i] 就是紧松之分。大家能感觉到双元音 [ei]，嘴巴两侧肌肉呈现紧绷状态，[ɛ] 放松就可以读出。

英文单词里，有很多相似的发音，有的时候我们可以通过读出它们细微的区别，不让听者误会；而如果两个单词发音完全一样，这种情况也是有的，那么此时我们只好通过上下文语境去分析这个单词到底怎么读。

技巧速成

一、Tense vowel 紧元音

紧元音运用双唇和下巴的肌肉，想要准确发音，你需要移动双唇，可以感受到脸颊两侧和上下牙齿的贴合度很高。

[æ] fat, dad, hat, gas, passion;

[æoh] out, down, crowd, mountain;

[ɔ] hall, ought, lost, soft, hot;

[e/i:] zebra, gear, cheer, real, jeep;

[ei] tape, wait, chairman, pail, shade;

[u:] fool, jewel, cruel, pool, rule;

[əʊ] boat, phone, own, hope, low.

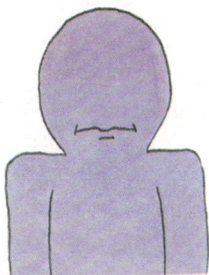

二、Lax vowel 松元音

松元音运用喉部肌肉，发音轻微变化，但是无须移动双唇，从而可以感受到脸颊两侧和上下牙齿的贴合度也随之降低。

[i] bit, kiss, chick, did, fit;

[ε] bet, friend, get, help, held;

[ə]　but, chuck, fun, does, gut;

[ər]　earn, church, dirty, girly, hurt

[ʊ]　book, could, foot, good, hood.

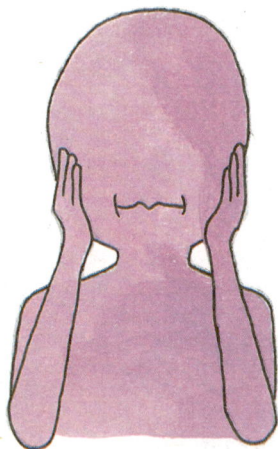

配音练习

《另一个波琳家的女孩》又名《鸠占鹊巢》

— Repeat after me —

节选的是狱中的一个片段，先说一下哭腔不好配哦，务必注意松紧元音，记得一样先标记出来。

Anne Boleyn：We didn't.... George and I, we....
我们没做，乔治和我，我们……

（回头发现不对劲）
The guards are letting them in.
卫兵放人进来了。

Mary Boleyn：You'll be spared. The king as good as gave me his words.

你会出去的。国王已经同意了。

Anne Boleyn：He saw you. They say he's with Jane Seymour now. Is it true?

他见你了？他们说他现在和简西摩在一起，是不是真的？

Mary Boleyn：No.

不是。

Anne Boleyn：Thank you. A generous lie.（哭唧唧） Will you hold me? You'll look after Elizabeth?

谢谢你善意的谎言，抱抱我好吗？你会照看伊丽莎白吗？

Mary Boleyn：It won't come to that, I promise…. I promise! He will keep his word. I know he will.

事情不会到这一步的，我保证，我保证！他会信守诺言的。我知道他会的。

鼻音重听起来超 hot！

终于到了要靠意会的一章，稍微有点难。先给大家打打气。

鼻辅音跟我们中文所说的鼻音基本大同小异，很多人发不出鼻音，那么问题就来了，英文单词读起来就怎么都不是那个味儿。比如 complain，这个单词末尾有一个 n，但是大部分人都理所当然地把这个单词读成"康普烂"。而实际上，"烂"这个音后面还得跟着一个鼻辅音呢！

鼻辅音要如何发出呢？我来解释一下：也就是用舌头阻塞气流，将它从鼻腔释放，而不全是从你的口腔释放。

联想一下汉语拼音中的几个韵母 eng, ing, ong, ang ＝"鹏，行，红，昂"。都是有鼻音的，但是没英文发得那么重。

感冒鼻音，听起来很像鼻辅音，因此感冒鼻塞时说英文，so hot！

　　一些港台明星说英语时的鼻音很重。还有一些 ABC 说中文的时候，依旧带着鼻音，很多人觉得他们说话装腔作势，其实这是发音习惯问题。

技巧速成

　　鼻辅音这一章当中，我们主要来学习三个音：[m, n, ng]

一、[m] 的发音：双唇鼻辅音

　　[m] 音是最简单的、最明显的鼻音，发 [m] 音时双唇合拢，气流无法通过，所以不得不从鼻腔流出。声带振动发音。

　　而中国人很多时候，会把单词末尾的 m 或以 me 结尾的单词读出来，像 name 读成了"内母"，但英文发音中，[m] 音不需要读得这么明显，嘴巴闭紧，发出一声声带的振动即可。

　　例如： name, pump, room, home。

二、[n] 的发音：舌尖齿龈鼻辅音

[n] 音的发音位置和 [t] 音相似，发 [n] 时，双唇微张，舌尖上扬，轻轻抵住上齿龈，振动声带，气流由鼻腔出来。在词尾时须略微延长，以防止吞音。

这个音发出的时候面部肌肉一点也不紧张，发 [n] 音时舌头必须完全放松，阻塞整个口腔，并且触碰到所有牙齿额度内侧，让气流除了通过鼻腔没有其他的空间可以流出。

例如：again，against，complain，main，dance，woman，noon，gain。都有延长！

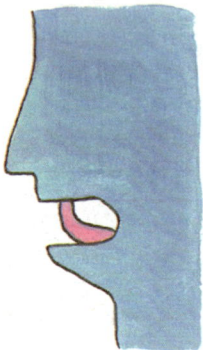

三、[ŋ] 的发音：舌后软颚鼻辅音

发音位置在喉咙后部，属于浊辅音，发音时声带振动。

发 [ŋ] 时，舌根抬高以形成阻碍堵住气流，使得气流流入鼻腔，从鼻腔呼出，同时振动声带。

例如：language, english, young, anger, thank, morning, song。

位于词尾的鼻辅音：

[m]	[n]	[ŋ]
rum	run	young
same	sun / son	bank
bum	bun	punk
turn	ton	tongue
Tom	fan	wrong
room	nine	length
Mormon	month	strength

小结发鼻辅音时必须注意：

① 口腔通道完全阻塞气流，气流最终从鼻腔泄出。

② 有声带振动，都是浊辅音。

③ 鼻辅音在词尾时，发音要略微延长。

检查大家学习成果的时候到了，能否独立完成呢？

[m]	Mummies make money for family.
[n]	Nine nice night nurses nursing nicely.
[ŋ]	It is a fine thing to sing in Spring, I think.

配音练习

动画片《马男波杰克》节选片段

— Repeat after me —

这个片段节选自近期大热的动画片《马男波杰克》中的《你要知道自己要什么》。鼻辅音要运用到位，否则配音不会准确好听哦。

Bojack：Thank you for rescheduling. Given your recent, uh, everything.

鉴于最近的情况，谢谢你重新安排时间过来。

Diane：Yeah，that was really something.

是啊，确实不是小事。

Bojack：I guess he makes your heart stand stiller?

我猜他让你现在依然小鹿乱撞吧？

Diane：Yeah, but for some reason the jury's stiller out on how I feel about it.

是啊，但是不知道为什么，陪审团可不管我的感受。

Bojack：Well, that's because it wasn't for you. That wasn't a Diane thing, it was a Mr. Peanutbutter thing.

那是因为这件事不是为了你。这件事跟戴安无关，都是花生酱先生一个人的事。

Diane：Well, what would be a Diane thing?
那什么才跟戴安有关？

Bojack：A Diane thing would be something that shows he really knows you. Like giving you an iPod loaded with all your favorite podcasts, or a practical houseplant, or surprising you with a bound album of photos and emails he saved. That's... that's what the Diane I know would want.
跟戴安有关的事要能真正表现出他了解你，比如送你一个 iPod 里面下载了你喜欢的节目，或者送你一盒实用的室内植物，或者用你们的照片和来往邮件混合制作给你惊喜。我认识的戴安肯定会喜欢这个。

Diane：What are you saying to me?
你想跟我说什么？

Bojack：Just that you should be with someone who knows you.
就是你该跟了解你的人在一起。

Diane：Yeah？ Like who?
是吗？谁了解我呢？

lesson 15

Excuse me？ 舌根音和爆破音，你没听过？

顾名思义，舌根音就是必然要通过舌头的后部，接近喉咙的地方才能形成。在本章中，我们将讲到五个音：**[h, k, g, ng, er]** 以及爆破音。

我们先找到发音的准确部位，然后试图用力，感受这个部位发音时的振动和感觉。并且记住这个感觉！

为什么偏偏另辟一章讲舌根音？大家还记得我在第一次课就强调：英文的发音部位靠后吗？

我在之前的课程中提到了美语发音的位置：在口腔靠后的地方甚至在喉咙的深处，

还经常使用舌尖，如 th 以及末尾的 t, d, n, l。

由此可见，说好美语的关键一步就是找到喉咙发音的感觉和状态，以及让你的舌尖发音灵活起来！

技巧速成

一、舌根辅音的发音规则

这五个音 [h, k, g, ng, er] 中，有一个小家伙比较难搞。

在鼻辅音那一章中，学到了 [ng]，还记得它该如何准备发音吗？舌头抵住下牙槽的内侧，然后将舌头的后部抬起，稍微堵住我们的喉咙。此刻当你读到一个鼻辅音单词，有气流要从喉咙到口腔出来时，被堵住，只好回到我们的鼻腔，于是就有了很明显的鼻音！

[h]	how hoodie hat	reheat behalf ahead of time	…
[k]	choir could kill	incident accent actor/actress	rock work block
[g]	good geek gap	regular agree organism	rug big log
[ng]	long island a long wait being honest	English	wrong living slang
[er]	roof real red	error mirror carbon	rare air prefer

二、[x] 的两种发音可能性

[x] 在发音时，会有两种可能性，一个是发 [ks]，一个是 [gz]。

• 规律：

1. 前后都是元音的时候，读 [gz]，如 exam。

2. 前面是元音，后面是辅音或后面什么都没有的时候，读 [ks]，如 excuse。

3. 在词首，后面是辅音 h 的时候，读 [k]，如 Xhosa。

4. 与单词的其他部分分割开的时候，读 [eks]，如 X-ray。

5. 作为某种符号的时候读音根据所替代的东西而定，如在 Xmas 中读 [kris]。

（注意：以上说的"元音""辅音"都是指音标，而不是字母，比如 Xylophone 就应该归入第三条）

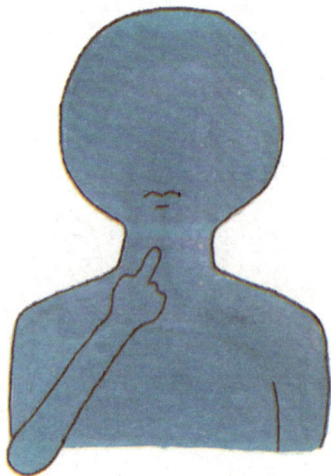

	excite
	extra
	exercise
[ks]	experience
	except
	execute
	excellent
	example
	exist
	exam
[gz]	exert
	examine
	executive
	exactly

三、爆破音的小规律

爆破音共有 6 个：[p, b, t, d, k, g]，但是很多同学都不知道如何处理，或者总是在爆破音这里读错，不要过重，就是完全不爆破。

当爆破音 + 爆破音：失去爆破

例如： what time, good bye, blackboard, big party

当爆破音 + 其他辅音：不完全爆破

picture, that joke, bad luck, best friend, keep silent, recommend the book

清辅音前面如果有一个 s 或 x（x 最后一个音也是 s），同时 s 后面的音是重音落点，那么清辅音需要浊化，例如：s'pend，ex'pand，ex'pensive，ex'periment，ex'perience 都是吻合这个发音规律的。

配音练习

《生化危机》女主独白

— Repeat after me —

　　最后一个练习了，大家请把所有的知识点都汇总到一起，开启下面的暗黑系配音。

Then ten years ago, in Raccoon City, there was an outbreak.
十年前，浣熊市 T 病毒从蜂巢的地下实验室泄露了出去。

The T-Virus escaped from an underground laboratory called the Hive.
T 病毒从蜂巢地下实验室泄露了出去。

The American government attempted to contain the outbreak by detonating bomb.

美国政府试图通过投放炸弹来阻止这次泄露。

It devastated Raccoon City.
炸弹炸毁了浣熊市。

But it couldn't stop the airborne infection.
却没能阻止空气病毒的传播。

The virus outbreak spread across the world within days.
病毒泄露没几天，就在世界范围内传播开来。

Human kind was brought to its knees.
人类对此束手无策。

Finally, the last and best hope of humanity gathered and took a last stand in Washington DC.
最终，肩负最后及最大希望的人们决心在华盛顿特区背水一战。

But we didn't realized that what we had walked into was a trap.
但我们并未认识到我们已经身陷囹圄。

My name is Alice and this is my story.
我是爱丽丝，这是我的故事。

The end of my story.
也是我故事的终结。

lesson **16**

不被重视的易混音

　　最后这几章的内容也不是很轻松，几乎每一个 chapter 中都会有很多的音标发音区分，其中我们比较熟知的是关于短元音 vs 双元音，卷舌音 vs l[el]音，以及 [v] [f] [w] 发音区分，等等。

　　那么这一章中又有几个相近音聚在一起，大家又要迷糊了。

　　[s, z]　[t, tr]　[n, l] 这几组音，我们对它们都不陌生，所以这一章我们当作是复习，务必将其区分清楚。

技巧速成

一、[s]　[z] 发音区分练习

[s] 是清音，让你的气流通过你的口腔，就像发一个轻轻的"丝"音。

Several sweet girls were dancing in the snowy day.

[z] 是浊音，能感受到声带的振动。

My phone number is 510-409-0080.

但很多人还是会混淆或者对 s 和 z 感到迷惑，尤其是在某些情况下，不确定到底是发 [s] 还是 [z]，有三个发音"潜规则"你需要知道：

出现的位置：s 只在出现在清辅音后面才发 [s] 的音，在其他情况下发 [z] 音。当 s 在元音、浊辅音，或者另外一个 s 后面，发 [z] 音。总之记住一件事：在美语中，[z] 音出现的几率比 [s] 音大得多。

复数情况：如果一个浊辅音后面跟了 s，这个复数 s 很有可能会被浊化成 [z] 音，例如 bags；反之，如果一个清辅音后面跟了 s，这个复数 s 依然发清辅音的 [s] 音，例如：weeks。

过去时的情况：过去时的发音很多同学都比较困惑，简单来说，大家记住一件事情即可：过去时中，s 既可以发成浊音 [z] 也可以发成清音 [s]，这个没有对错，所以发音的时候不要过于纠结！

二、[t][tr]的发音区分练习：

当 t 位于词首，则是轻轻的 [t] 音，舌尖抵住上颚，让气流通过口腔，轻松发出即可。

Tina cook twelve tasty tacos for her Chinese friends.

Yeah, you know the true thing, philosophy test is way too tough, but you have to try your best.

三、[l][ ]的发音区分练习

[l] 和 [n] 这两个音，很多南方人都分不清楚，比如湖南人、湖北人、四川人，他们会将中文里的"哪里"说成"辣里"。其实要区分这两个音，主要是舌头的位置不同，[l] 音发出时，

只有舌尖会轻轻触碰到上颚，而 [n] 音发出时，舌头的绝大部分都粘黏住了上颚。

My little sister Lily played a fantastic show with an old lady in Italy.

No! Not at all !he is not that good.

配音练习

《神奇女侠》

— Repeat after me —

这些牙槽骨音都在哪里？快快讲他们找出来!

男主：

Have you never met a man before? what about your father?

你从没见过男人吗？ 那你父亲呢？

女主：

I had no father, I was brought to life by Zeus.

我没有父亲，我的生命是宙斯赋予的。

男主：

Right.

对哦。

女主：

The gods made the Amazons to retire peace to the world. and it's what I'm going to do.

神创造亚马逊是为了恢复世界和平，这就是我的使命。

男主：

Good，that's neat.

很好，很了不起！

男主：

Welcome to jolly old London.

欢迎来到欢乐的古老伦敦。

女主：

It's hideous.

令人生厌。

男主：

Yeah, it's not for everybody.

不是每个人都喜欢。

男主：

Step back... or maybe not.

退后，不后退也行。

大坏蛋：

Who's this woman？

这女人是谁？

女主：

You will soon find out.

你很快就会知道了。

男主：

Yep，that's not going to work, please put the sword down.

是，这没用，把剑放下。

男主秘书：

It doesn't go with the outfit... at all.

跟她的衣着可不搭，一点也不搭。

旁白：

Wonder Woman, rated PG 13, experience at the Imax and 3D,
June 2nd.

《神奇女侠》，等级 13，6 月 2 日，Imax 3D 呈现。

lesson 17

嘱咐完这些我再去领盒饭

敲小黑板

大波最常见、最易错小分队来袭:

我汇总了大家最容易读错的单词,大家可以在线上视频课中听到魔幻现实主义的错误和正确的发音对比。

1.	boss
2.	does
3.	talk
4.	but
5.	enough
6.	don't
7.	now
8.	pop / pub
9.	one
10.	good
11.	in (the box)
12.	go to
13.	suggest
14.	view
15.	ask
16.	watch
17.	thank you
18.	pretty good
19.	town / down
20.	friend / expensive / spend
21.	again / pain / complain
22.	beer / bill
23.	fair / fail
24.	here / hill
25.	won't 和 want 分不清

26.	can 和 can't 分不清
27.	available / valuable
28.	again / against
29.	it is
30.	gonna be
31.	gotta do
32.	wanna
33.	you know
34.	a bit of
35.	take us
36.	see through
37.	get out of here
38.	one of us
39.	let her / tell him
40.	put it in
41.	definitely
42.	absolutely
43.	someone else
44.	butterfly
45.	recommend
46.	David
47.	Sarah
48.	entire
49.	really
50.	hurry